家族财富策略

高净值客户投资与传承

田凯　黎洋　赵广义 / 著

电子工业出版社
Publishing House of Electronics Industry
北京·BEIJING

内 容 简 介

家族财富不仅是物质资产的积累，更是家族传承的基石、家族价值观的承载，以及家族未来发展的保障。本书通过深入分析家族财富的本质和特点，并结合实际案例和经验，提出一系列行之有效的策略和方法，旨在为高净值客户提供全面的家族财富管理策略指导，帮助高净值客户实现家族财富的保值、增值和长期传承。

本书具有全面性和实用性，适合高净值客户、家族企业管理者、金融机构从业者及对家族财富管理感兴趣的读者阅读。

未经许可，不得以任何方式复制或抄袭本书之部分或全部内容。
版权所有，侵权必究。

图书在版编目（CIP）数据

家族财富策略：高净值客户投资与传承 / 田凯，黎洋，赵广义著. -- 北京：电子工业出版社，2025.9.
ISBN 978-7-121-51015-1

Ⅰ．F276.5

中国国家版本馆 CIP 数据核字第 2025X3F044 号

责任编辑：王陶然　文字编辑：赵娜
印　　刷：三河市鑫金马印装有限公司
装　　订：三河市鑫金马印装有限公司
出版发行：电子工业出版社
　　　　　北京市海淀区万寿路173信箱　邮编：100036
开　　本：880×1230　1/32　印张：9　字数：201千字
版　　次：2025年9月第1版
印　　次：2025年9月第1次印刷
定　　价：78.00元

凡所购买电子工业出版社图书有缺损问题，请向购买书店调换。若书店售缺，请与本社发行部联系，联系及邮购电话：（010）88254888，88258888。

质量投诉请发邮件至zlts@phei.com.cn，盗版侵权举报请发邮件至dbqq@phei.com.cn。

本书咨询联系方式：（010）68161512，meidipub@phei.com.cn。

推荐序

当今时代,全球化在波动中演进,经济格局瞬息万变。中国在改革开放的浪潮中奋勇前行,一跃成为世界经济舞台上的重要力量。我国家庭财富在这股发展洪流中迅速积累,人均可支配收入持续上扬,已然迈入一个财富快速增长的黄金时期。我国高净值人群数量逐年递增,个人可投资资产规模也在不断刷新纪录。这一显著变化,不仅标志着国民经济实力的提升,也意味着家族财富管理与传承面临着前所未有的机遇与挑战。

随着时间的推移,创富一代逐渐步入暮年,财富传承成为他们最为关注的问题。然而,现实情况错综复杂:一方面,家族财富规模日益庞大,资产形式涵盖了企业股权、房地产、金融资产及各类无形资产,管理难度大幅增加;另一方面,社会观念的转变使得婚姻家庭关系更加多元化,传统的财富传承模式难以适应新的家庭结构和利益诉求。全球经济环境的不稳定、政策法规的频繁调整,也为家族财富的传承增添了许多不确定性因素。在这样的背景下,如何实现财富的平稳过渡与持续增值,成为众多家族迫切需要解决的问题。

家族财富不仅是物质资产的积累，更是家族精神与价值观的延续。它承载着家族先辈们的辛勤努力与智慧结晶，是家族在历史长河中立足的根本。一个科学合理的家族财富管理方案，能够确保家族财富在传承过程中不缩水、不流失，为家族成员提供稳定的生活保障，同时也为家族企业的长远发展注入强大的动力。相反，若财富传承出现失误，则可能导致家族内部矛盾激化、企业陷入困境，甚至使家族几代人的努力付诸东流。因此，掌握正确的家族财富管理策略，对每一个家族而言，都具有至关重要的意义。

《家族财富策略：高净值客户投资与传承》一书正是顺应这一时代需求而诞生的。本书作者凭借其深厚的专业知识和丰富的实践经验，深入剖析了家族财富管理中的各类问题，并提出一系列切实可行的解决方案。这是一本真正意义上的家族财富管理指南，它不仅适合高净值客户、家族企业管理者及金融机构从业者阅读，对广大关注家族财富传承的普通读者来说，也是一本不可多得的财富管理宝典。

对非专业人士而言，法律条文往往晦涩难懂，让人望而却步。本书却成功地克服了这一障碍，采用通俗易懂的语言，使得即使是初次接触家族财富管理概念的读者也能轻松理解书中的内容。作者用简洁明了的语言直击痛点，激发读者的兴趣，使他们在不知不觉间沉浸于书中所讲述的故事之中，享受阅读的乐趣。

尽管本书力求通俗易懂，但其专业性和逻辑性却丝毫未减。每章内容都建立在扎实的理论研究之上，结合最新的法律法规及行业动态进行编写。无论是对家族信托运作模式的解析，还是对遗产税筹划方案的设计，作者均给出了详尽且具有法律依据的解释，确保了信息的准确性与权威性。这种严谨、专业的态度不仅会赢得读者的信任，也为他们的实际操作提供了可靠的保障。

本书的一大特色在于其全面性。全书共13章，几乎涵盖了家族财富管理的所有关键领域，包括企业治理、家企隔离、财富私有化、资产配置、税务设计及风控机制等内容。无论是刚刚起步的新手，还是已经具备一定经验的老手，都能在这本书中找到适合自己当前需求的知识点。更为难得的是，作者还特别关注到一些新兴的投资领域，如数字货币和人工智能，为读者提供了前瞻性的投资建议。

在本人多年的研究与实践过程中，见证了很多家族在财富传承过程中面临的困境与挑战。有的家族因缺乏科学的财富管理规划，导致财富流失、家族矛盾激化；有的家族则通过合理运用专业知识和工具，成功实现了财富的传承与家族的繁荣。过往的经验教训让我深刻认识到，一本优秀的家族财富管理书籍对于家族的重要性。本书正是这样一本有助于家族解决实际问题、实现财富传承目标的佳作。

我衷心希望读者在阅读本书后，能从中汲取宝贵的知识和经验。相信在本书的帮助下，每一个家族都能够制定出适合自己的财富管理策略，实现财富与幸福的传承，为社会的发展贡献力量，开启家族世代繁荣的新篇章。

连　平

连平：博士、教授、博士生导师。广开首席产业研究院院长兼首席经济学家，享受国务院政府特殊津贴。中国首席经济学家论坛理事长、复旦大学管理学院特聘教授、上海交通大学上海高级金融学院兼聘教授、亚洲金融智库首席经济学家委员会副主任、上海市经济学会副会长、上海首席经济学家发展中心理事长。

多次担任上海市人民政府决策咨询特聘专家；曾任国务院金融稳定发展委员会特聘专家、中国金融40人论坛常务理事和特邀成员、中国银行业协会行业发展研究委员会主任；2007—2019年任交通银行首席经济学家，多次出席党和国家领导人主持的专家座谈会；获评新浪财经2024年度"十大宏观经济学家"、2024第一财经金融价值榜"年度机构首席经济学家"。

前言

在当今快速发展的经济社会中,家族财富管理和传承问题逐渐凸显,成为众多高净值客户关注的焦点。如何制定一套科学合理的家族财富管理策略,确保家族财富的保值增值和长期传承,已成为很多家族必须面对并认真思考的重要问题。

本书旨在为高净值客户提供一份全面、系统且实用的家族财富管理指南,以帮助他们更好地理解和应对在家族财富传承过程中可能遇到的各种机遇与挑战。通过阅读本书,读者能够深入了解家族财富的基本概念、特点及其在经济社会发展中的重要地位。

首先,本书从家族财富的概念性理论入手,详细阐述如何进行企业治理及如何实现家族财富与企业资产的有效隔离,以确保家族成员在享受财富带来的福祉的同时,不会引发企业风险,从而影响到家族财富的安全。本书还介绍了家族信托、保险等工具在家族财富隔离方面的应用,以帮助读者制定适合自己的隔离策略。

其次,本书深入探讨了家族财富的资产配置及税务设计相关问题。通过分析不同类别资产的特点、风险与收益,帮助读者构建多元化的投资组合,实现家族财富的稳健增长。此外,本书还关注到新兴投资领域的发展趋势，如数字货币、人工智能等，为读者提供有前瞻性的投资建议。

在风险管理方面，本书重点介绍如何识别和评估家族财富管理面临的各种风险，包括市场风险、信用风险、操作风险等，并提供相应的风险应对措施。同时，本书还关注税务设计在家族财富传承中的重要性，介绍了如何合理利用税收优惠政策降低家族财富的税务负担。

最后，本书重点关注家族治理这一关键环节。通过介绍家族办公室、家族信托、家族宪章等治理机制，帮助读者建立有效的家族治理体系，确保家族成员在财富传承过程中能够保持团结和协作，共同推动家族事业的繁荣与发展。

在本书编写过程中，作者注重将理论与实践相结合，通过丰富的案例和实际操作建议，帮助读者更好地理解和应用书中的知识，为读者进行家族财富管理与传承提供有益的借鉴。这些案例涵盖了不同行业、不同规模的家族企业，详细讲解了它们在家族财富传承过程中遇到的各种问题和挑战。通过深入剖析这些案例，读者可以从中汲取宝贵的经验和教训。

我们相信，通过科学合理的家族财富策略规划，每个家族都可以实现财富与幸福的传承，为社会发展作出更大的贡献。

目 录

第1章 家族财富：会创富更要会守富
1.1 财务自由与财富自由　　　　　　　　　　/ 001
1.2 富人的财富思维　　　　　　　　　　　　/ 003
1.3 为何富过三代这么难　　　　　　　　　　/ 006
1.4 家族财富的表现形式　　　　　　　　　　/ 009
1.5 永远保有一个立场——家族立场　　　　　/ 010
1.6 流动性：家族财富不流动则不增值　　　　/ 013
1.7 负债的另一个名字——杠杆　　　　　　　/ 017
1.8 家族财富策略的7个基础性逻辑　　　　　/ 019
1.9 重新发现家族生态系统的价值与逻辑　　　/ 021
1.10 正大集团：富过三代，长久不衰　　　　/ 024

第2章 企业治理：经营到位才能久富
2.1 家族企业发展的关键路径　　　　　　　　/ 027
2.2 如何做好内部所有权结构规划　　　　　　/ 031
2.3 关于家族企业治理的5个观点　　　　　　/ 034
2.4 家族企业治理的基本要素　　　　　　　　/ 036

2.5　家族企业治理的平衡之道　　　　　　　　　　/ 039
2.6　把牢家族企业的控制权　　　　　　　　　　　/ 042
2.7　路线图：家族与外部＋集中与分散　　　　　　/ 045
2.8　全新视角：以合伙关系看待家族企业　　　　　/ 046
2.9　新《公司法》对家族企业的影响　　　　　　　/ 049

第3章　家企隔离：企业资产必须合规

3.1　为何家企隔离是企业家的生命线　　　　　　　/ 052
3.2　家企隔离"防火墙"进入新时代　　　　　　　 / 056
3.3　安全风控：金税四期之下的合规之策　　　　　/ 057
3.4　家企混同的五大隐患　　　　　　　　　　　　/ 059
3.5　方向一：应税资产和免税资产隔离　　　　　　/ 064
3.6　方向二：婚姻资产和单方资产隔离　　　　　　/ 066
3.7　方向三：固定资产和现金流资产隔离　　　　　/ 067
3.8　方向四：创始股东与经营团队隔离　　　　　　/ 069
3.9　方向五：单企业资产和分设企业资产隔离　　　/ 071
3.10　如何隔离家族债务风险　　　　　　　　　　 / 072
3.11　刑事责任隔离：企业成功的陷阱　　　　　　 / 074

第4章　财富私有化：不能越过法律红线

4.1　什么是财富私有化　　　　　　　　　　　　　/ 077
4.2　企业如何进行资产剥离　　　　　　　　　　　/ 080
4.3　财富私有化的底层支撑　　　　　　　　　　　/ 083
4.4　企业上市，财富落袋为安　　　　　　　　　　/ 086

4.5　个税，难走的必经之路　　　/089
4.6　新个人所得税法对高净值人士的影响　　　/091
4.7　会德丰：私有化成功，船王家族"上岸"　　　/093

第5章　资产配置：将资产放进"篮子"

5.1　与资产配置相关的5个重要概念　　　/096
5.2　资产配置究竟有什么作用　　　/098
5.3　结构设计：为家族的资产分类　　　/102
5.4　特殊资产与家族涉入　　　/104
5.5　如何实现资产系统化管理　　　/106
5.6　资产长期平衡的4个方向　　　/107
5.7　家族投资者的角色　　　/109
5.8　建立有纪律的家族投资体系　　　/111
5.9　外部融资：必须守住底线　　　/114
5.10　全球配置成为新"风口"　　　/116

第6章　税务设计：财富安全传承之道

6.1　财富传承中的涉税风险　　　/119
6.2　金税四期：督促纳税的"天眼"　　　/121
6.3　企业经营与税务筹划　　　/124
6.4　股权转让过程中的税务筹划　　　/125
6.5　如何解决房地产税问题　　　/127
6.6　遗产税与赠与税筹划方案　　　/130
6.7　涉外资产的税务难点　　　/132

6.8 侥幸心理：逃税不成反遭罚　　/ 134

第 7 章　风控机制：最大化控制风险

7.1 意外身亡后，财富何去何从　　/ 138

7.2 不慎失能：再有钱也可能成为弱势群体　　/ 140

7.3 夫妻陌路，离婚后财产如何分割　　/ 142

7.4 子女接班意愿不强，企业无人继承　　/ 144

7.5 预防债务危机，避免家财两空　　/ 146

7.6 集团内乱：覆巢之下安有完卵　　/ 150

7.7 关联企业：辅车相依，唇亡齿寒　　/ 153

7.8 挪用资金酿成大祸　　/ 155

第 8 章　家族办公室：高净值家族必备品

8.1 每一个高净值家族都需要一个家族办公室　　/ 157

8.2 家族办公室是根据家族情况量身定制的　　/ 160

8.3 模式一：外置式家族办公室　　/ 162

8.4 模式二：内置式家族办公室　　/ 164

8.5 模式三：虚拟家族办公室　　/ 166

8.6 家族办公室的职能　　/ 168

8.7 家族办公室的治理模式　　/ 171

8.8 比尔·盖茨的家族办公室　　/ 174

第 9 章　订立遗嘱：未雨绸缪非常重要

9.1 如何订立遗嘱　　/ 176

9.2 关于遗嘱的 5 个基础理论　　/ 178

9.3 遗嘱继承和法定继承 / 180
9.4 影响遗嘱法律效力的问题 / 183
9.5 遗嘱在财富传承中的价值 / 185
9.6 生前转移财产所有权是否有效 / 187
9.7 公证遗嘱在财富传承中存在的缺陷 / 190
9.8 如何解决继承权公证的难题 / 193
9.9 意定监护的合理运用 / 196

第10章 保险规划：财富应该有"盾牌"

10.1 订立遗嘱与购买保险 / 198
10.2 保险规划之财产保险 / 200
10.3 保险规划之重复保险 / 202
10.4 保险规划之责任保险 / 204
10.5 保险规划之信用保险 / 207
10.6 婚前和婚内保单的财产归属 / 208
10.7 保费豁免功能的实际应用 / 209
10.8 投保人离世，保单如何处理 / 211

第11章 家族信托：关键财富继承工具

11.1 家族信托的场景与价值 / 214
11.2 以家族信托定制多场景下的所有权结构 / 218
11.3 为何家族信托会火 / 220
11.4 家族信托发展的关键问题 / 223
11.5 设立家族信托的注意事项 / 226

- 11.6 设立家族信托的6个误区 / 228
- 11.7 家族信托的运作模式 / 231
- 11.8 "六性"决定家族信托的未来 / 233
- 11.9 保持柔软:随时适应变化 / 236

第12章 代持方案:警惕陷阱是第一要义

- 12.1 如何理解代持的风险 / 239
- 12.2 方案一:股权代持 / 241
- 12.3 方案二:房产代持 / 246
- 12.4 方案三:金融资产代持 / 249
- 12.5 方案四:以家族信托替代资产代持 / 251
- 12.6 代持人有道德问题,怎么办 / 253

第13章 宪章与文化:弘扬正确价值观

- 13.1 家族宪法不是一次"打卡" / 255
- 13.2 立足当下:从家族规章入手制定家族宪法 / 257
- 13.3 家族宪法的内容和制定步骤 / 258
- 13.4 保证家族宪法的有效与执行 / 263
- 13.5 三重维度:形文化+法文化+魂文化 / 265
- 13.6 家族文化养成的关键 / 268
- 13.7 解读家族文化的财富视角 / 269
- 13.8 被忽视的家族所有者教育 / 271
- 13.9 霍氏家族的独特文化基因 / 272

第1章

家族财富：会创富更要会守富

家族财富的传承，不仅是维系和提升个人及家庭生活品质的关键，更是对社会责任的深刻践行。创富是一场充满机遇与挑战的征途，它要求家族成员具备非凡的勇气、深邃的洞察力与精妙的策略。然而，仅会创富是远远不够的，更需懂得如何守富。它要求家族保持高度的警觉与理性，通过谨慎周密的规划、科学合理的投资，为财富筑起一道坚不可摧的防线。

1.1 财务自由与财富自由

"财务自由"与"财富自由"两个词在日常生活中被频繁提及，不少人将其视为人生目标的两个不同层次。虽然它们听上去十分相似，实际上所代表的生活状态却大相径庭。在这个充满竞争和变化的时代，越来越多的人开始关注这两个概念，并努力寻求实现它们的方法。

财务自由是一种生活状态，指的是个人无须为满足生活所需而被迫从事繁重工作。财务自由解决的是生存问题，使个人能够基本满足生活所需，从而摆脱经济上的压力。在这种状态下，个人的资产所产生的被动收入至少应等于或超过他的日常开支。这样一来，个人无须再为生计而束缚于工作岗位，从而有了更多的时间和精力去规划自己的人生，例如，他可以选择旅行、学习新的技能或投身于公益事业。

财务自由的核心在于实现收支平衡，通过合理的理财规划和资产配置，使得被动收入不断增加，从而摆脱对主动工作收入的依赖。

要想实现财务自由，需要具备良好的财务管理能力，以确保资产增值。此外，投资是实现财务自由的重要途径。通过投资，人们可以在不断积累财富的过程中，实现资产的多元化，降低风险，从而确保财务自由目标的实现。在这个过程中，学会理财、掌握投资技巧及保持谨慎的投资心态至关重要。

然而，财务自由并非人生的终极目标。在实现财务自由之后，许多人会追求更高层次的生活状态，即财富自由。财富自由不仅意味着拥有足够的财富来满足生活所需，还意味着个人可以自由地选择自己感兴趣的事业和项目，为社会和他人创造价值。相较于财务自由，财富自由更注重个人价值观的实现和人生追求。

实现财富自由的关键在于个人的综合素质和人际关系。在这个阶段，个人的社会地位、影响力及对社会和人类发展的贡献成为衡量其财富自由程度的重要因素。为了实现财富自由，人们需要在专业领域不断精进，拓展自己的人脉，积累社会资源，并善于运用这些资源为他人创造价值。

财务自由和财富自由是两个不同层次的人生目标。财务自由关注的是解决生存问题,使个人能够满足基本生活需求,从而摆脱经济压力。财富自由则在财务自由的基础上,追求更高层次的人生价值和目标。

实现这两个目标需要具备不同的能力和素质,但无论是财务自由还是财富自由,都是人们追求幸福和成功过程中不可或缺的元素。在这个充满机遇和挑战的时代,我们应充分认识到这两个概念的重要性,努力实现自己的人生目标,过上更加美好的生活。

1.2 富人的财富思维

在雷纳·齐特尔曼的著作《富人的逻辑》中对富人阶层的财富思维方式进行了深入的探讨和总结。通过对众多社会学研究的梳理,齐特尔曼揭示了富人在思考和行动上的普遍特点,如图1-1所示。

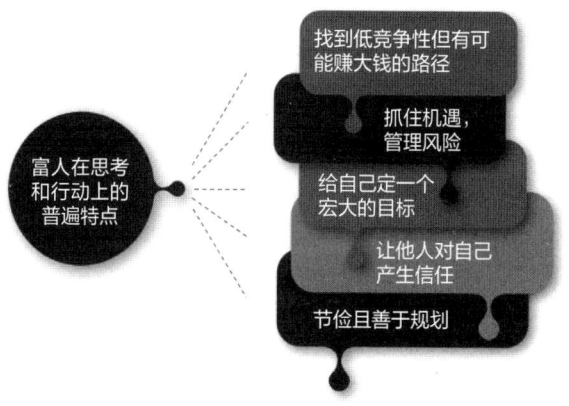

图1-1 富人在思考和行动上的普遍特点

1. 找到低竞争性但有可能赚大钱的路径

在这个充满竞争的社会,富人往往能够找到一条独特的道路来实现财富增值。这条道路的特点是低竞争性、盈利潜力巨大。这并不意味着富人害怕竞争、逃避竞争,相反,他们善于在竞争中找到自己的优势所在,进而实现财富的快速增长。

在追求财富的过程中,富人擅长发现那些被大多数人所忽视的机会,把握潜在的盈利点,从而实现财富的积累。

2. 抓住机遇,管理风险

在追求财富的过程中,富人深知高风险往往能带来高回报,因此勇敢地承担风险,大胆地挑战未知。与此同时,他们具备出色的风险管理能力,在遇到困难时能够化险为夷。

富人还具备敏锐的洞察能力,能够发现身边的商机。他们观察市场、研究行业,密切关注各种政策变化,从而抓住最佳的投资时机。

3. 给自己定一个宏大的目标

一般人在制定目标时,往往会选择一些相对容易实现的小目标,以求迅速看到成果。然而,富人截然不同,他们更倾向于设定宏大的目标。

富人拥有强烈的成功欲望,这种欲望源自他们对成功的执着和对生活的热爱。他们相信自己有能力实现伟大的成就,因此从不轻易放弃。

4. 让他人对自己产生信任

诚信不仅是一个人在社会中立足的根本,更是成功的基石。富人往往深知诚信的重要性，因此始终秉持着诚实守信的原则，努力在人际交往中吸引他人对自己产生信任。他们明白，信誉是成功的催化剂，只有坚守诚信，才能在社会大舞台上取得辉煌的成就。

5. 节俭且善于规划

在生活中，富人往往会保持节俭的传统美德。他们认为，财富是积累起来的，不能随意挥霍。因此，他们在享受生活的同时，不忘勤俭节约。此外，富人还擅长对自己的财富进行规划，为实现财富的保值增值制订明确的目标和计划。他们深知不能把所有的鸡蛋放在一个篮子里，因此会合理地分配自己的资产，通过股票、债券、房地产、艺术品等多种渠道投资。这样可以有效地降低风险，同时实现资产的保值增值。

例如，一些富人会将一部分资金投资于稳定的债券，以获取固定的收益；另一部分资金则投资于高风险、高回报的股票市场；同时，还会购置一些房地产，以抵御通货膨胀的风险。而普通人往往只关注单一的投资渠道，如银行存款，收益较低，且无法有效地抵御通货膨胀的风险。

综上所述，《富人的逻辑》揭示了富人在思考方式、行为模式等方面的特点。这些特点不仅帮助他们成功积累财富，也在一定程度上影响了整个社会的发展。对普通人来说，了解和学习富人的财富思维，也有助于自己在生活和事业上取得更好的成就。

1.3 为何富过三代这么难

"道德传家,十代以上,耕读传家次之,诗书传家又次之,富贵传家,不过三代。"这句古训深刻地揭示了富过三代的艰难。在历史的长河中,无数家族经历了兴衰沉浮,财富的传承似乎总是难以打破三代的魔咒。

家族财富的积累和传承是一个复杂且充满挑战的过程。人们常说,创业容易,守业难,富过三代更是难上加难。这主要是因为财富的传承涉及家族成员的心态、教育、价值观及社会环境等多方面因素。

下面将从5个方面来探讨为什么富过三代如此艰难,如图1-2所示为富过三代面临的5个困难。

01　子女教育问题:富二代为何难担大任

02　家庭矛盾:财富背后的暗流涌动

03　社会环境变化:家族企业如何应对经营挑战

04　法律制度问题:财富传承的保障与挑战

05　投资失误:家族企业传承过程中的风险防控

图1-2　富过三代面临的5个困难

1. 子女教育问题:富二代为何难担大任

家族财富的积累,使得富二代在优越的环境中成长。然而,这种环境往往容易让富二代变得懈怠、奢侈、放纵,缺乏奋斗精神和责任感。这与传统的教育观念相悖，也给家族财富的延续带来巨大挑战。因此，家族长辈需要对子女进行正确的教育，培养他们的责任感和奋斗精神，以使家族财富得以延续。

2. 家庭矛盾：财富背后的暗流涌动

随着财富的增长，家庭成员间的矛盾和纷争可能随之升级。家庭破裂、财产纷争等问题可能导致财富流失，甚至让家族企业陷入困境。因此，家庭成员之间应加强沟通与理解，保持家庭和谐，以确保财富的平稳传承。

3. 社会环境变化：家族企业如何应对经营挑战

社会环境的不稳定和不确定，让家族企业面临着诸多经营难题。在这个背景下，家族企业管理者需要具备敏锐的市场洞察能力，及时调整经营策略，以应对外部环境的变化。同时，家族企业管理者还应注重创新，不断提升企业的竞争力，为家族财富传承奠定坚实基础。

4. 法律制度问题：财富传承的保障与挑战

在不同的历史时期，法律制度对财富传承的保障有所不同。家族成员应关注法律制度的变革，寻求专业律师的帮助，以确保财富的安全传承。此外，家族成员还需学会在法治框架内运用法律手段，维护自身及家族的利益。

5. 投资失误：家族企业传承过程中的风险防控

在传承过程中，家族企业可能会因管理者能力不足或决策失误，导致投资失败、财富缩水。因此，家族企业应建立健全风险防控体系，加强对管理者的培训和选拔，确保企业投资的稳健与成功。

那么，如何打破富不过三代的魔咒呢？

第一，重视教育。教育不仅仅是知识的传授，更重要的是品德、价值观和能力的培养。家族企业应该注重培养后代的独立人格、责任感和奋斗精神，让他们明白财富来之不易，要学会珍惜和合理利用财富。同时，要鼓励后代接受多元化的教育，培养他们的创新思维和适应能力。

第二，传承家族精神。家族精神是家族的灵魂，包括创业精神、责任感及诚信、团结等价值观。家族企业创始人及家族管理者应该将宝贵的家族精神传承给后代，让他们获得精神力量。此外，还可以通过讲述家族故事、制定家训等方式，让后代了解家族的历史和传统，激发他们的自豪感和使命感。

第三，建立健全的家族治理机制。家族需要建立科学合理的治理机制，明确家族成员的权利和义务，避免家族内部争斗和矛盾。同时，要制定长远的发展战略，注重企业的可持续发展，不断创新以适应变化。

第四，积极参与社会公益事业。财富不仅仅是个人的，也是社会的。富裕的家族应该积极参与社会公益事业，回馈社会，培养后代的社会责任感和爱心。这不仅有助于提升家族的社会形象，也能让后代在奉献中找到人生的价值和意义。

总之，富不过三代的难题需要从多方面来破解。家族成员应共同努力，克服各种困难，为家族财富的传承创造有利条件。只有这样，才能让家族财富在世代间得以延续，实现家族的长久繁荣。

1.4 家族财富的表现形式

家族财富并不仅仅意味着金钱和资产，它更是社会地位、生活方式和家族荣誉的体现。家族财富影响着家族成员的生活方式、社交圈子、教育背景等多个方面。在这个物质日益丰富的时代，人们对家族财富的理解和追求也在不断发生变化。

富有的家族通常在政治、经济、文化等领域具有更多的发言权和更大的影响力。这不仅体现在家族成员的个人成就上，还体现在家族整体在社会中的地位和声誉上，反映了家族成员在社会中的影响力。

家族财富的表现形式呈现多元化的特点。

（1）现金和金融资产。现金和金融资产是家族财富最直接的表现形式，包括银行存款、股票、债券、基金等金融产品。家族可以通过投资金融资产来实现财富增值。

（2）房地产。房地产是家族财富的重要载体。家族可以拥有自住别墅、投资性房产等多种形式的房地产。房地产不仅具有居住和商用价值，还具有保值增值的功能。

（3）企业资产。企业资产包括家族企业和其他投资性企业，具有较高的增值潜力和风险性。家族可以通过创办企业、参与企业经营等方式实现财富积累。

（4）艺术品和收藏品。艺术品和收藏品是家族财富的一种独特表现形式。家族可以收藏书画、瓷器、珠宝等艺术品。这些藏品不仅具有观赏价值，还可以作为投资品实现财富增值。

（5）私人飞机和游艇。私人飞机和游艇是家族财富的象征之一。拥有私人飞机和游艇意味着家族具备较高的生活品质和经济实力。

（6）教育投资。教育投资是家族财富传承的重要方式。家族可以为后代提供优质的教育资源，培养其成为有才华、有社会地位的人才，从而维护家族的地位和财富。

家族财富决定家族成员的生活方式，可以为家族成员提供舒适的生活环境、优质的教育资源和丰富的社交圈子。高质量的生活方式使家族成员能够更好地享受生活，同时也为他们创造了更多的发展机会。

此外，家族财富也是家族荣誉的体现。家族财富积累的过程往往充满了艰辛和挑战，家族成员应当珍惜这份荣誉，传承家族的优良传统，为社会作出贡献。家族财富不仅意味着享受，更意味着责任和担当。

家族财富的表现形式多元化，家族需要根据自身情况选择合适的财富表现形式和传承策略。在传承家族财富的过程中，家族应注重财富的稳健增长、风险管理及家族成员的成长和教育。通过科学合理的财富传承策略，家族可以实现财富的保值增值和家族地位的传承。

1.5 永远保有一个立场——家族立场

家族是日常生活的基本单位，承载着成员的信仰和价值观。在这个快速变化的世界里,永远保有一个家族立场,不仅有助于家族成员之间的团结与和谐,更能传承家族的传统文化和家族精神。家族财富不仅仅是金钱和资产,更是家族成员共同创造的价值结晶。要积累和传承家族财富,家族成员就要保持家族立场。

首先,家族是根基。家族观念历来深厚,家族成员间的亲情、友情和尊卑有序,形成了独特的家族文化。家族传统的继承和发扬是家族得以发展的基础,它包括祖先的智慧、家族的荣誉和家族的信仰。只有保持家族立场,才能更好地传承宝贵的家族传统,使之不断发扬光大。

其次,家族是信仰的载体。信仰是一个家族的精神支柱,它凝聚了家族成员的心力,使大家在面对困难和挑战时有所依靠。保持家族立场,就是要坚守家族信仰,使之成为家族成员生活中的指南针,引导他们正确前行。

再次,家族成员是家族价值观的传承者。家族价值观是家族成员共同遵循的行为规范,会对家族成员的思想、行为产生深远影响。一个健康的家族价值观有助于家族成员形成正确的世界观、人生观和价值观。保持家族立场,就是要弘扬家族优良的价值观,使之成为家族成员共同的精神财富。

从次,注重培养家族成员的责任意识和使命感。每个家族成员都应该明白,家族财富的传承不仅仅是物质的传递,更是一种精神的延续。家族成员应积极参与家族事务,为家族的繁荣和发展贡献自己的力量。

最后,加强家族内部的沟通与协作。家族要定期举行家族会议，让家族成员有机会分享自己的想法和感受，共同商讨家族的未来发展方向。通过加强沟通，家族成员可以增进彼此的了解和信任，为家族财富的传承创造更加和谐的环境。

另外，家族成员要关注家族的社会责任和公益价值。作为家族的一分子，家族成员应该积极履行社会责任，参与社会公益事业，为社会的发展贡献自己的力量。这样不仅能够提升家族的声誉和形象，家族成员还能在参与公益活动的过程中获得更多的成就感和满足感。

李锦记集团是一家拥有百年历史的家族企业，以生产调味品而闻名于世。李锦记集团的成功，很大程度上得益于其始终坚守家族立场。

1. 家族情感与传承

李锦记集团由李锦裳创立于 1888 年，经过 100 多年的发展，李锦记已经成为全球知名的调味品品牌。在漫长的发展历程中，李锦记家族始终将企业视为家族的重要资产，用心经营，努力传承家族的荣耀。

李锦记家族非常重视家族传承，制定了严格的家族宪法，明确了家族成员的权利和义务，确保企业能够顺利传承。家族宪法规定，家族成员必须遵守家族价值观，不得作出有损家族声誉的行为。同时，家族宪法还规定了企业的治理结构和决策机制，确保企业能够在家族的领导下持续发展。

2. 家族价值观的坚守

李锦记家族一直秉持着"思利及人"的核心价值观。这一价值观强调在追求自身利益的同时,要考虑到他人的利益,做到互利共赢。在企业经营过程中,李锦记家族始终以"思利及人"为指导,注重产品质量和服务品质,赢得了消费者的信任和支持。

此外,李锦记家族还非常重视诚信和创新,他们认为,诚信是企业的立身之本,只有坚守诚信,才能赢得市场和客户的信任。同时,创新是企业发展的动力源泉,只有不断创新,才能满足消费者日益变化的需求。

3. 家族治理与企业发展

李锦记家族非常重视家族治理,建立了完善的家族治理结构和决策机制。家族设立了家族委员会和董事会,分别负责家族事务和企业经营管理。家族委员会由家族成员组成,负责制定家族宪法、传承家族文化和价值观、培养后代等工作。董事会由专业人士组成,负责企业的战略规划、经营管理和决策执行等工作。

永远保持家族立场,是家族成员肩负的责任和使命。在面临各种挑战和诱惑时,家族成员要坚定信念,坚守家族立场,为家族的繁荣和发展贡献自己的力量。

1.6 流动性:家族财富不流动则不增值

流动性是家族财富管理的一个重要准则,是指在资产价值不受影响的前提下,资产能够迅速转化为现金或等同于现金的资产的能力。在家族财富持续增值的过程中,财富的流动性确保了家族成员在面对突发状况时,能够迅速将财富转化为现金,从而保障家族生活和家族企业稳定运行。

家族财富可能以固定资产、单一投资或长期持有的不流动资产等形式存在。在这种情况下，财富无法及时适应市场变化，也难以在不同的投资机会中进行灵活配置。当市场出现新的机遇时，家族企业可能因为财富不流动而无法抓住，错失发展良机。

同样，在经济不断发展的过程中，货币的价值会随着时间的推移而发生变化。如果家族财富不能通过合理的投资和流动实现增值，其实际购买力将会逐渐下降。例如，长期闲置的资金可能因为通货膨胀而贬值，而未进行有效投资的固定资产可能因为技术进步或市场需求的变化而失去价值。

财富的流动性对家族企业稳定运行具有重要意义。家族企业是家族财富的重要组成部分，其稳定运行对家族财富增值至关重要。通过提高财富的流动性，家族可以在企业面临困境时，及时调整经营策略，保障企业正常运营。

家族财富的增值离不开流动性。一方面，充足的流动性可以为家族企业经营提供资金支持，确保企业在经济波动时能够应对自如；另一方面，流动性较强的资产通常具有较高的投资收益，有助于家族财富的积累。

在不同的经济周期和市场环境下，总会出现一些具有潜力的投资项目。如果家族财富具有流动性，家族企业就可以迅速调配资金，参与这些项目，实现财富的增值。例如，在新兴产业崛起时，家族企业可以通过投资这些领域，分享行业发展的红利。

在家族财富传承过程中，流动性也发挥着重要作用。合理的财富传承规划需要考虑家族成员的不同需求和未来的发展。通过流动的财富进行有效的财富传承规划，可以确保家族财富在代际之间顺利传承，同时也可以培养家族后代的理财能力和责任感。

流动性较高的资产更易于变现，有利于家族后代在接手家族企业时减轻负担，更快地实现财富增值。此外，流动性也便于家族企业在传承过程中进行资产调整和优化，确保家族财富的长期稳定。

为实现家族财富流动，家族企业可以采取如下几项措施，如图1-3所示。

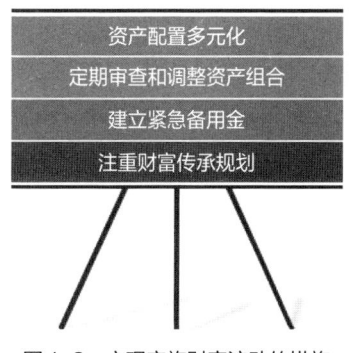

图1-3　实现家族财富流动的措施

1. 资产配置多元化

为实现家族财富流动和增值，家族企业在资产配置上应注重多元化。在保持资产组合收益的同时，降低风险，确保家族企业在不同经济环境下都具备强大的应对能力。

资产配置包括股票、债券、房地产、基金、保险等多种资产类型。不同的资产在不同的市场环境下表现不同，通过多元化配置，可以实现风险的分散和收益的稳定。例如，股票在经济增长期可能表现较好，而债券在经济衰退期可能更加稳定。家族企业可以根据自身的风险承受能力和投资目标，合理配置不同类型的资产。

2. 定期审查和调整资产组合

市场环境是不断变化的，不同资产的表现也会随之发生变化。家族企业需要密切关注市场动态，定期审查资产组合的表现，并根据实际情况、长期发展目标进行调整，以确保资产的流动性，实现家族财富最大化。例如，某一资产类型的表现不佳，可以考虑减少其配置比例；发现新的投资领域，可以适当增加对该领域的投资。

3. 建立紧急备用金

为应对突发情况，家族企业可以设立紧急备用金。紧急备用金可以是现金、活期存款或流动性高的理财产品。建立紧急备用金可以确保家族企业在面临突发情况时，有足够的资金应对，避免因为资金链断裂而陷入困境。同时，紧急备用金也可以为家族成员提供一定的生活保障，增强家族的抗风险能力。

4. 注重财富传承规划

在财富传承过程中，家族企业要注重规划。通过合理的传承安排，确保家族财富在传承过程中实现流动和增值。财富传承规划包括遗嘱、信托、保险等多种方式。遗嘱是最基本的财富传承方式，可以明确家族财富的分配方式和继承人。信托则是通过专业的信托机构，对家族财富进行管理和传承，实现财富的保值增值和风险隔离。保险也可以作为财富传承的一种方式，通过购买人寿保险等产品，为家族成员提供经济保障，同时也可以实现财富的传承。

此外，家族企业还需关注税收政策，合理利用税收优惠措施，降低传承过程中的税务负担。

在家族财富管理过程中,流动性至关重要。流动性不仅有助于家族财富增值,还能在家族面临突发状况时为其提供保障,对家族企业的稳定运行和家族财富传承具有深远影响。因此,家族财富管理者应当充分发挥流动性在家族财富增值与传承中的作用,为实现家族财富的保值增值奠定坚实基础。

1.7 负债的另一个名字——杠杆

在日常生活中,许多人对负债持有恐惧的态度,认为它是一种负担。然而,从另一种角度来看,负债其实是一种潜在的"杠杆"。只要我们能够妥善地控制和管理它,负债就不会成为困扰我们的难题。

"杠杆"这一概念最早由古希腊学者阿基米德提出,他在物理学中强调了杠杆的重要作用。事实上,在经济领域,杠杆同样具有巨大的影响力。投资界的大咖往往能够巧妙地利用负债这根"杠杆",有时甚至能改变整个经济格局。

1997年7月,韩国大宇集团因负债800亿美元而破产,成为韩国历史上金额最大的一个企业破产案。1967年,金宇中依靠借来的1万美元创立了大宇集团。其业务范围涵盖外贸、重型装备、造船、汽车、电子、通信、化工、建筑、金融等多个领域。1997年,美国《财富》杂志将大宇集团CEO金宇中评为"亚洲风云人物"。

然而，在大宇集团无限风光的背后，却是大量举债。由于过度举债，大宇集团逐渐走上了一条不归路。滥用财务杠杆是大宇集团倒闭的主要原因。1997 年年底，韩国发生金融危机，为降低财务风险，企业应当减少利息支出，并偿还债务。但大宇集团不仅没有减少债务，还发行了大量债券，财务负担更重，面临的风险也更大。随后两年，其资产负债率一直居高不下，直到 1999 年 7 月被韩国 4 家债权银行接管而倒闭。

大宇集团举债经营中的财务杠杆效应是消极的，它不仅没有提高自己的盈利能力，反而因偿债压力过重使自己陷入财务困境。

财务杠杆是指通过负债将社会资源集中起来，将其投入生产领域，并从中获得回报。利用财务杠杆运营资金是一种高段位的技巧。如今，在投资、创业、壮大家族等方面，有很多基于财务杠杆的方法和工具，可以产生事半功倍的效果。

首先，我们要明确负债的本质。负债是指我们欠他人的钱财或债务，包括信用卡欠款、房贷、车贷等。在我国，负债率普遍较低，但近年来随着消费观念的转变和金融市场的快速发展，人们对负债的需求和接受程度逐渐提高。

适当的负债可以提高我们的生活品质，如购买房产、投资等。但是，过度的负债会导致生活压力加大，甚至陷入债务危机。因此，正确看待和把握负债的度是关键。

其次，我们要学会合理管理负债。这包括了解自己的负债能力，根据实际情况选择合适的负债方式；制订还款计划，确保按时还款，避免逾期和违约。同时，要树立正确的消费观念，避免盲目跟风和攀比,理性消费。在必要时,可以寻求专业财务规划师的帮助,以更好地管理负债。

再次,我们要善于利用负债实现财务目标。善于利用负债投资或创业,可以让我们在短时间内扩大财富规模。例如,购房贷款可以让我们在房产市场尽早入手,享受房价上涨的收益;创业贷款可以支持我们创立企业、开展业务,推动事业发展。当然,这需要我们具备一定的风险承受能力和财务管理能力。

最后,我们要时刻关注自己的负债状况,及时调整负债结构。在负债过程中,我们要关注市场变化,把握还款节奏,降低负债成本。同时,要关注个人信用,维护良好的信用记录,以便在需要时获得更多的信贷支持。

负债并非洪水猛兽,而是我们生活中不可或缺的一部分。只要我们正确看待和使用它,负债就能成为我们追求财富和成功的有力工具。正如阿基米德所说:"给我一个支点,我可以撬动整个地球。"正确认识负债的价值,掌握合理的管理方法,就能充分发挥负债的杠杆作用,实现财务自由和生活品质的提升。

1.8 家族财富策略的 7 个基础性逻辑

在传承家族财富的过程中,制定合适的策略至关重要。这不仅涉及家族资产的保值增值,还关系家族成员的生活品质和家族企业的长远发展。以下是 7 个基础性逻辑,能够为家族财富策略制定提供有力的指导。

（1）家族财富策略的首要任务并非仅是财富的传承，而是更为全面的财富保护、管理与传承。在家族财富传承的过程中，我们需要时刻关注家族财富的保值增值，防范各类风险，确保家族财富安全。

（2）税务设计在家族财富管理与传承中扮演着不可忽视的角色。合理的税务设计可以有效地降低家族财富的税负，提高财富的使用效率。同时，税务设计还有助于规避税务风险，确保家族财富的安全和合规性。

（3）家族财富策略并非仅限于私人财富管理，而是涵盖家族与私人财富管理两个层面。私人财富管理主要关注家族成员的个人财富状况，而家族财富管理则涉及整个家族的财富布局和战略规划。在制定家族财富策略的过程中，家族需要综合考虑成员的个人需求、家族的整体利益及长远发展，确保家族财富能够得到有效利用和合理分配。

（4）家族财富策略涵盖3个层次，如图1-4所示。这3个层次相互关联、相互支撑，共同构成了家族财富策略的完整框架。

图1-4 家族财富策略的3个层次

（5）家族财富策略还需要关注家族内部的两类关系：人的关系和权益关系。人的关系主要通过家族治理的逻辑去解决，通过建立健全家族治理机制，确保家族成员之间的和谐共处和共同发展。权益关系则需要在实践中用所有权结构的逻辑去把握，通过合理的权益分配和安排，确保家族成员的合法权益得到充分保障。

（6）家族的发展与传承面临的是系统性的问题，而非单一的挑战。因此，在制定家族财富策略时，我们不能仅仅依赖于一个"好点子"，而是需要构建一个完整的系统。这个系统需要涵盖家族财富的来源与构成、税务规划、风险管理等多个方面，以确保家族财富策略的全面性和有效性。

（7）理解家族财富的来源与构成。家族财富可能包括现金、股票、房产、艺术品等多种形式。每种资产都有其独特的收益和风险特性，因此需要深入了解其运作规律，以制定合理的投资策略。同时，要关注家族企业的运营状况，确保企业健康发展，为家族财富的持续增值提供有力保障。

家族财富策略的 7 个基础性逻辑涵盖了家族财富管理与传承的多个方面，需要家族成员进行全面而深入的理解和应用。制定和实施有效的家族财富策略，可以确保家族财富的安全、稳健增长和顺利传承，为家族的永续发展奠定坚实的基础。

1.9 重新发现家族生态系统的价值与逻辑

家族生态系统是一个由家族成员、企业、社会环境等多个要素相互作用、相互影响而形成的复杂系统。它涵盖了家族的价值观、文化传统、治理结构、人力资源、社会关系等多个方面。家族生态系统的核心是家族与企业之间的紧密联系，家族的价值观和文化传统深刻地影响着企业的经营理念和发展战略，而企业的成功又为家族的繁荣和传承提供了物质基础。

1. 家族价值观和文化传统

家族价值观和文化传统是家族在长期发展过程中形成的共同信仰、道德规范和行为准则，是家族生态系统的灵魂。家族价值观和文化传统不仅影响着家族成员的行为和决策，也对企业的经营管理产生着深远的影响。例如，一些家族企业注重的诚信、创新、责任等价值观，成为企业在市场竞争中的核心竞争力。

2. 家族治理结构

家族治理结构是家族生态系统的重要组成部分，包括家族成员之间的权利分配、决策机制、沟通渠道等方面。合理的家族治理结构可以有效地协调家族成员之间的利益关系，避免家族内部出现矛盾和冲突，保障企业的稳定发展。例如，一些家族企业设立了家族委员会、董事会等治理机构，明确了家族成员在企业中的角色和职责。

3. 人力资源

人力资源是家族生态系统的关键要素。家族企业中的人力资源不仅包括家族成员，还包括非家族成员的员工。家族企业需要充分发挥家族成员的优势，同时吸引和留住优秀的非家族成员员工。例如，一些家族企业通过股权激励、职业发展规划等方式，激发员工的积极性和创造力。

4. 社会关系

社会关系是家族生态系统的外部环境。家族企业需要与政府、供应商、客户、社区等各方建立良好的合作关系,以获取更多的资源和支持。例如,一些家族企业积极参与社会公益活动,以提升社会形象和声誉。

家族生态系统不仅是文化传承的载体,更是社会稳定的基石。然而,在现代社会,随着生活节奏的加快和人际关系的疏离,家族生态系统的价值逐渐被忽视。因此,重新发现家族生态系统的价值与逻辑,对家族成员个人成长、家族财富管理与传承、社会和谐具有重要意义。

作为全局审视的工具,家族生态系统提供了全面、系统的视角,有助于家族成员更加清晰地认识到家族财富管理的复杂性和多维性。通过家族生态系统,家族能够全面审视自身的资产状况、家族结构、成员关系及外部环境等因素,进而制定出更加符合自身实际情况和长远发展目标的财富管理策略。

从本质上来看,家族生态系统是一个解决问题的模型,为家族提供了有效的规划和解决系统性诉求的方法。在家族财富管理中,家族面临着诸多复杂的问题和挑战,如资产配置、税务筹划、传承规划等。

借助家族生态系统的模型,家族能够系统地分析和解决这些问题,确保家族财富管理顺利进行。同时,家族生态系统还能够根据家族的发展阶段和需求变化,动态调整管理策略,确保家族财富的长期增值和传承。

家族生态系统还是家族系统性诉求的目标与答案。在家族生态系统中，家族成员能够共同制定财富管理目标，并围绕这些目标展开具体的实践活动。通过运作家族生态系统，家族成员能够形成共同的理念和价值观，增强家族凝聚力和向心力，推动家族事务顺利开展。

为了更好地理解家族生态系统，我们可以将其划分为内核与外核两个层面。家族生态系统内核是具备虚拟属性的家族核心枢纽，是家族深层次运行机制的凝结。这种认识是指导实践的原则，是方法论层面的领悟与理解，是家族的"灵魂"所在。它涉及家族的核心价值观、文化传统、家族精神等方面，是家族财富管理的核心驱动力。

相对而言，家族生态系统外核则是具体的实践活动经验，是操作方法层面的熟稔与高超，是家族的"肉身"所在。它涵盖了家族在财富管理中的具体操作、策略选择、资源整合等方面，是家族生态系统得以运行和发展的基础。

家族生态系统在财富管理中发挥着重要作用。通过全面审视家族生态系统，家族能够更好地把握自身的发展状况和未来趋势，制定出更加科学、具有前瞻性的财富管理策略。

1.10 正大集团：富过三代，长久不衰

正大集团从1921年创办至今，其创始人谢易初的家族已经延

续到了第四代,且家族财富不断增值,企业持续繁荣。正大集团以农牧业、食品业、商业零售业为核心,同时涉及制药、机车、房地产、国际贸易、金融、传媒等热门产业,其成功经验和家族财富传承的秘诀,对许多家族企业具有借鉴意义。

首先,正大集团非常注重家族文化的传承。自创立之初,正大集团就始终坚守诚信、创新的价值观。这些价值观不仅是家族文化的基石,还是家族成员共同的信仰和行为准则。在正大集团的发展历程中,每一代家族成员都深受这些价值观的熏陶,并将其融入企业的日常运营和管理中。正是这种家族文化的传承,使得正大集团能够保持一贯的经营风格,实现持续稳定发展。

其次,正大集团注重人才的培养和引进。家族成员固然是企业的重要支柱,但正大集团也深知,要想实现长远发展,就要引进更多优秀的人才。因此,正大集团不仅重视家族成员的培养,还积极招聘有才华、有经验的员工加入企业。同时,正大集团也注重员工的培训和能力提升,为员工提供广阔的发展空间和良好的职业前景。

最后,正大集团还注重创新和变革。在市场竞争日益激烈的今天,只有不断创新和变革,企业才能保持竞争力。正大集团不断探索新的经营模式和市场机会,不断调整和优化自身的业务结构。正是这种敢于尝试、敢于创新的精神,使得正大集团能够在市场竞争中脱颖而出,实现跨越式发展。

除上述几个方面外,正大集团还非常注重履行社会责任。作为一家影响力很大的企业,正大集团深知自己肩负着重要的社会责任。因此,正大集团积极参与社会公益事业,为社会的发展贡献自己的力量。同时，正大集团也注重环保和可持续发展，致力于推动绿色经济的发展。

综上所述，正大集团能够成功传承家族财富并历经三代而不衰，得益于其注重家族文化传承、人才培养和引进，敢于创新和变革及积极履行社会责任等多方面的努力。这些成功的经验不仅为正大集团自身的发展提供了有力的支撑，也为其他家族企业提供了宝贵的借鉴和启示。

第 2 章

企业治理：经营到位才能久富

家族企业承载着家族的荣誉与期望，代表着传承与创新的力量。相较于其他类型的企业，家族企业往往更加注重家族传承和血缘关系，因此在决策、管理等方面可能存在一定的局限性。家族企业要想在激烈的市场竞争中屹立不倒，实现长久的繁荣与富贵，就要在治理方面下足功夫，确保经营到位。

2.1 家族企业发展的关键路径

作为一种特殊的企业组织形式，家族企业承载着深厚的家族情感与传承使命。在全球经济市场中，家族企业占据了不可忽视的地位。然而，随着市场环境不断变化和竞争加剧，家族企业面临着诸多挑战和困境。因此，探索家族企业发展的关键路径如图 2-1 所示，对家族企业的长久繁荣和可持续发展具有重要意义。

1. 构建科学合理的治理结构

家族企业往往存在权力集中、决策效率低下等问题。

首先，家族企业应明确产权关系。产权清晰是企业稳定发展的前提，家族企业要明确家族成员在企业中的持股比例，避免因产权不清而引发内部矛盾。同时,要建立健全股权流转机制,以便在必要时进行股权调整,引入外部投资者。

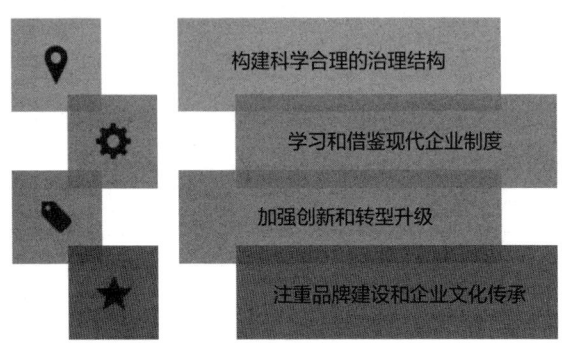

图 2-1 家族企业发展的关键路径

其次,设立家族委员会和董事会。家族委员会负责处理家族内部事务,如家族价值观的传承、家族成员的教育和发展等。董事会则负责企业的战略规划、重大决策和监督管理。家族委员会和董事会成员应相互独立,以确保决策的客观性和公正性。

再次,建立有效的激励机制。家族企业可以通过股权激励、绩效奖金等方式,激励家族成员和非家族成员员工为企业的发展努力工作。同时,要建立严格的考核制度,对员工的工作表现进行客观评价,以确保激励机制的有效性。

从次,加强内部监督和风险管理。家族企业要建立健全内部审计制度,对企业的财务状况、经营活动进行监督和审计。同时,要加强风险管理,制定风险应对策略,以降低企业面临的风险。

最后,引入专业的战略咨询机构,借助其深厚的行业经验和专业知识,制定更为科学合理的战略规划。同时,家族企业还应建立完善的决策支持系统,通过数据分析、市场调研等手段,为决策提供有力支持。

2. 学习和借鉴现代企业制度

现代企业制度具有高效、规范、透明的特点,为家族企业提供了宝贵的经验借鉴。家族企业可以借鉴现代企业制度,优化内部治理结构,完善激励机制,从而提高自身的竞争力和市场占有率。

例如,家族企业可以引入职业经理人制度。在发展到一定规模后,家族企业往往面临着管理人才短缺的问题。引入职业经理人可以为企业带来先进的管理理念和经验,提高企业的管理水平。同时,家族企业要建立健全职业经理人激励和约束机制,以确保职业经理人的行为符合企业的利益。

同时,家族企业要学习现代企业的人力资源管理模式。家族企业要树立以人为本的管理理念,建立科学的人才招聘、培养、使用和激励机制;注重员工的职业发展规划,为员工提供广阔的发展空间。同时,要加强企业文化建设,营造良好的工作氛围,提升员工的归属感和忠诚度。

家族企业可以学习现代企业制度中规范化、透明化的治理模式,建立有效的监督机制,确保企业决策的公正性和合理性。此外,家族企业还可以引入股权激励、员工持股等现代激励机制,以激发员工的积极性和创造力。

3. 加强创新和转型升级

随着科技的不断进步和市场的不断变化,家族企业需要不断推陈出新,加强创新和转型升级。包括技术创新、管理创新、市场创新等多个方面。

首先,加大研发投入。家族企业要重视技术创新,加大研发投入,提高自主创新能力。家族企业可以通过设立研发中心、与高校和科研机构合作等方式,开展技术研发和创新活动。同时,要加强知识产权保护,确保企业的创新成果得到有效保护。

其次,推动管理创新。家族企业要不断探索新的管理模式和方法,提高管理效率和效益。家族企业可以引入先进的管理理念和工具,如精益生产、六西格玛管理等。同时,要加强信息化建设,提高企业的信息化水平,实现管理的数字化和智能化。

再次,积极拓展市场。家族企业要不断开拓新的市场领域,扩大市场份额。家族企业可以通过产品创新、渠道创新等方式,满足不同客户的需求。同时,要积极开展国际化经营,拓展国际市场,提高国际竞争力。

最后,推动产业升级。家族企业要紧跟时代发展的步伐,积极推动产业升级。家族企业可以通过技术改造、产业整合等方式,提高产业层次和附加值。同时,要关注新兴产业的发展趋势,适时进入新兴产业领域,实现可持续发展。

通过创新,家族企业可以不断提升产品质量和服务水平,满足客户需求,赢得更多市场份额。

4. 注重品牌建设和企业文化传承

品牌是企业形象的重要体现,也是企业获取市场信任的关键。企业文化是企业的软实力,是企业核心竞争力的体现,对凝聚员工力量、传承家族精神具有重要意义。

一方面，加强品牌建设。家族企业要树立品牌意识，制定品牌战略，加大品牌推广力度；注重产品质量和服务水平，通过广告宣传、公益活动等方式提高品牌的美誉度和忠诚度。同时，要加强品牌保护，防止品牌被侵权和假冒。

另一方面，传承企业文化。家族企业要重视企业文化的传承，将家族的价值观和企业的经营理念融合在一起，形成独特的企业文化；通过家族故事、家训等方式，传承企业文化，以增强员工的认同感和归属感。同时，要不断创新企业文化，使其适应时代发展的要求。

家族企业发展的关键路径涵盖了治理结构、现代企业制度、创新和转型升级及品牌建设和文化传承等多个方面。通过采取优化治理结构、借鉴现代企业制度、加强创新和转型升级及注重品牌建设和文化传承等措施，家族企业可以不断提升自身的竞争力和市场地位，实现持续健康发展。

2.2 如何做好内部所有权结构规划

在深入分析家族企业的运营情况时，一个不能忽视的要素就是其所有权结构。它决定了企业内部的权力分配、决策机制及未来发展方向。为了做好这项工作，家族企业需要从多个方面进行深入考虑和规划。

家族企业内部的所有权结构包括股东构成、持股比例及股东之间的关系。通过对现有所有权结构进行分析，家族企业可以发现潜在的问题和风险,从而为所有权规划提供清晰的依据。

家族企业需要制定一个合理的所有权结构规划方案,这个方案应该充分考虑家族企业的长远发展、家族成员的利益及企业的竞争力等因素。具体而言,家族企业可以从以下几个方面切入制定所有权结构规划方案,如图 2-2 所示。

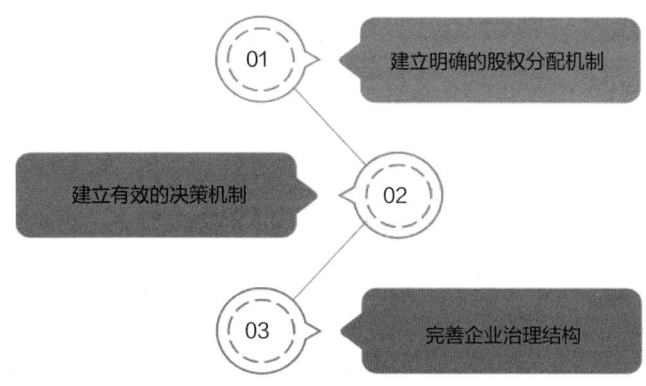

图 2-2　制定家族企业所有权结构规划方案的切入点

(1)建立明确的股权分配机制。合理的股权分配可以确保家族成员之间的权益平衡,避免因股权纠纷而影响企业的正常运营。

(2)建立有效的决策机制。在家族企业中,决策权往往集中在少数家族成员手中。为避免决策失误或权力滥用,企业需要建立一套科学、民主的决策机制。这可以通过引入外部专家、建立董事会等方式来实现,以提高决策的准确性和公正性。

(3)完善企业治理结构。治理结构是企业所有权结构的重要组成部分。通过完善治理结构,家族企业可以确保内部权力的平衡和制约,提高管理水平和运营效率。具体而言,企业可以强化监事会的独立性、完善内部控制体系等。

杨协成公司解散是所有权结构设计失败的一个典型案例。杨协成这一历史悠久的品牌，源于1900年福建漳州，由杨景连一手创办。在那个年代，酱油产业蓬勃发展，杨景连凭借敏锐的商业洞察力和不懈的努力，成功创办了这家酱油厂，为家族产业的发展奠定了坚实的基础。

杨景连有五男三女八个孩子，他们共同见证了家族企业的成长与壮大。1935年，杨景连身体状况欠佳，他不得不将酱油厂的管理重任交给年仅22岁的长子杨天恩。杨天恩年轻有为，继承了父亲的商业智慧，成功地将杨协成酱油厂的业务推向了新的发展高度。

随着业务的不断增长，杨协成酱油厂在1956年更名为杨协成罐头酱油厂有限公司（简称杨协成公司）。这一变革标志着企业进入新的发展阶段，同时，杨天恩作出了一个重大决策：将公司的资产平分成7份，分别由兄弟五个和孙辈的杨至明、杨至杰获得。这一决策的初衷是让家族成员共同分享企业的成功果实，却为日后的纷争埋下了伏笔。

进入20世纪90年代，随着时代的变迁和市场环境的变化，杨氏家族内部就投资决策频繁发生矛盾。家族成员之间的经营理念出现重大分歧，有的主张稳健经营，有的则希望冒险扩张。这些分歧导致企业内部管理混乱，使得企业无法有效应对市场的挑战。

1993年以后，杨协成公司采用集体决策的方式，但家族成员越来越多，每个人都有自己的意见和想法，导致决策变得十分困难。再加上当时的主席兼总裁杨至耀不断掣肘，使得企业无法形成统一的发展策略。在这种情况下，杨协成公司的发展陷入困境。

1994年5月，杨至耀向法庭申请解散杨协成公司。这一事件引起了社会的广泛关注，人们对杨氏家族内部的纷争感到惋惜。当初杨天恩将资产分成7份的决策，虽然在一定程度上平衡了家族成员的利益，但没有考虑未来的管理和决策问题。随着家族成员的不断增多和经营理念的分歧，这种股权结构最终导致企业崩溃。

总之，做好家族企业内部所有权结构规划是一项复杂而重要的任务。家族企业需要从多个方面进行深入的考虑和规划，确保所有权结构能够为企业的发展提供有力的支持。

2.3 关于家族企业治理的5个观点

家族企业作为一种特殊的组织形态，有着独特的治理方式。家族企业治理对家族企业的稳定发展非常重要，以下将详细阐述关于家族企业治理的5个观点。

1. 家族企业治理需要进行专属定制

家族企业具有独特的历史背景、文化传承、家族成员结构及经营业务等特性，这些特性共同构成了家族企业的独特性。因此，在进行治理时，家族企业不能简单地套用通用的治理模式，而应根据自身的具体情况，量身打造符合自身特点和发展需求的治理体系。

例如，有的家族企业可能注重家族成员的参与和传承，强调家族文化的传承与发扬；而有的家族企业则可能更关注外部专业人才的引进和激励，以借助外部力量推动自身创新和发展。

2. 家族企业治理需要注重商业模式的结构，以确保有竞争力

一个合理的治理结构能够确保企业决策的科学性、规范性和透明度，从而提高企业的运营效率和市场竞争力。对家族企业而言，良好的公司治理不仅能够确保家族成员在行使权益时遵守企业的规章制度和法律法规，还能够增强外部投资者和合作伙伴的信心，吸引更多的资本和资源，为企业的持续发展提供有力支持。

在实践中，一些家族企业通过引入独立董事、建立规范的董事会决策机制等方式，提升治理水平，从而实现稳健发展。

3. 家族企业治理是影响企业价值的重要因素

一个健全的治理体系不仅能够保障家族成员的利益，还能够确保家族企业的稳健运营和长远发展。通过进行合理的企业治理，可以平衡家族成员之间的权益关系，减少内部矛盾和冲突，为企业创造一个和谐稳定的发展环境。

同时，家族企业治理还有助于塑造企业的品牌形象和文化价值观，提升企业的社会声誉和影响力。例如，一些成功的家族企业注重家族成员间的沟通与协作，强调企业的社会责任和可持续发展，从而赢得了社会的广泛认可。

4. 家族企业治理需要和家族所有权结构建设同步进行

家族所有权结构是家族企业治理的基础和前提，它决定了家族成员在企业中的权益和地位。而家族企业治理则是对家族所有权结构的规范和约束，确保家族成员在行使权益的同时，也能够遵守企业的规章制度和法律法规。

制定家族企业治理策略应充分考虑家族所有权结构的特点和需求，实现二者的协调统一。只有这样，才能确保家族企业的稳健发展和家族利益的最大化。

5. 家族企业治理需要不断调整与优化

随着市场竞争的加剧、科技进步及法律法规的不断完善，家族企业需要不断调整和优化治理体系，以适应外部环境的变化，应对各种挑战。同时，家族企业还应注重内部治理机制的完善和创新，以提高治理效率和质量，为企业的长远发展奠定坚实基础。

例如，一些家族企业根据市场变化及时调整战略方向，加强技术研发和人才培养，从而实现了转型升级和可持续发展。

综上所述，家族企业治理的5个核心观点不仅具有丰富的内涵和深刻的智慧，而且具有很强的实践指导意义。通过深入理解和应用这些观点，家族企业可以更好地应对各种挑战和机遇，实现稳健而持续的发展。

2.4 家族企业治理的基本要素

家族企业治理是一个既复杂又重要的课题，涵盖了多个要素，如图2-3所示。这些要素不仅影响企业的稳健发展，更关乎家族的繁荣与财富传承。

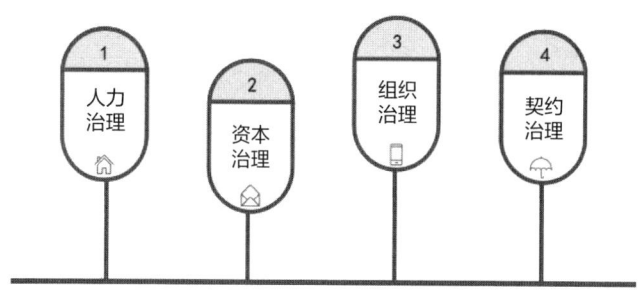

图 2-3 家族企业治理的 4 个基本要素

1. 人力治理

人力治理是家族企业治理的核心。在家族企业中,家族成员通常占据着关键职位,他们既是企业的股东,又是企业的管理者。因此,如何有效地管理家族成员的人力资源,以确保他们能够发挥最大的潜能,是家族企业治理的首要任务。这包括选拔合适的家族成员担任领导职务,建立公正、透明的激励机制及提供必要的培训和发展机会。

在人力治理方面,家族企业应注重培养家族成员的责任感和使命感,使他们能够积极参与企业运营和决策。此外,家族企业还应建立健全人才选拔和培养机制,吸引和留住优秀的非家族成员员工,为企业的发展注入新的活力。

2. 资本治理

资本治理在家族企业治理中同样占据重要地位。家族企业通常面临着资金筹措、投资决策及利润分配等资本问题。建立健全财务管理制度,制定合理的资本预算和投资策略,以及确保家族成员间的利益平衡,都有助于解决这些问题,实现有效的资本治理。

快钱来得快去得也快，一时的得失可能源于市场的走向或运气，但这种短期的利润很难持久。家族企业不能追求短期的暴利，而应着眼于长远规划，耐心等待时机，精心挑选那些契合自身发展战略的项目。只有这样，家族企业才能在长期发展中取得稳定且可持续的回报。

在资本治理方面，家族企业应注重风险控制和收益平衡。合理的投资决策和利润分配，有助于确保家族企业的稳健运营和家族成员的利益最大化。

3. 组织治理

组织治理是家族企业稳健发展的重要保障。在家族企业中，组织结构的设置、决策机制的形成及管理层的权责分配等问题都需要得到有效解决。建立明确的组织架构和决策流程，确保家族成员与非家族成员员工在组织内部享有平等的权利和机会，是家族企业组织治理的基本要求。

在组织治理方面，家族企业应注重建立科学的决策机制和权力制衡机制，避免权力过度集中或滥用。此外，家族企业还应加强企业文化建设，增强员工的归属感和凝聚力，为企业的发展提供有力的组织保障。

4. 契约治理

契约治理在家族企业治理中发挥着不可或缺的作用。家族企业往往涉及复杂的家族关系和利益纠葛，对此，家族企业可以通过签订契约来明确各方权益和义务，以减少潜在的冲突和纠纷。

在契约治理方面，家族企业应注重契约的合法性和有效性，确保契约内容符合相关法律法规的要求。同时,家族企业还应加大契约的执行和监督力度,以确保契约得到切实履行。

综上所述,家族企业治理的基本要素包括人力治理、资本治理、组织治理和契约治理。这些要素相互关联、相互影响,共同构成了家族企业治理的完整框架。在实际操作中,家族企业应根据自身情况,综合运用这些要素,建立有效的治理机制,以实现健康、稳定发展。

2.5 家族企业治理的平衡之道

在治理过程中,家族企业面临着众多复杂而独特的挑战,需要在多个维度上寻求平衡,如图2-4所示,以实现持续健康发展。这需要家族成员具备高度的责任感和使命感,只有这样,家族企业才能在激烈的市场竞争中立于不败之地,实现家族传承和企业发展的双赢。

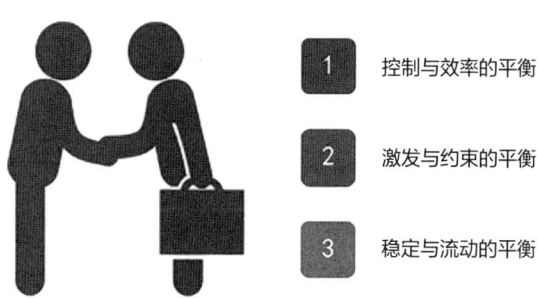

图2-4 家族企业治理需实现的平衡

1. 控制与效率的平衡

控制与效率的平衡是家族企业治理的基础。在家族企业中，家族成员往往拥有较大的话语权和决策权，控制权相对集中。但过度的控制可能导致决策效率低下，甚至阻碍企业的创新与发展。因此，家族企业需要在保持一定控制权的基础上，通过引入外部管理力量、建立科学的决策机制等方式，实现控制与效率的平衡。

以福特汽车公司为例，早期的福特汽车在创始人亨利·福特的严格控制下，取得了巨大的成功。亨利·福特对生产流程的严格把控和对成本的极致追求，使福特T型车成为全球最畅销的汽车。但随着时间的推移，亨利·福特的独断专行开始阻碍企业的发展。他拒绝听取他人的意见，坚持只生产黑色的T型车，导致福特汽车在市场竞争中逐渐落后。直到亨利·福特的儿子埃德塞尔·福特接手企业后，引入了现代管理理念，平衡了家族控制与企业效率之间的关系，福特汽车才重新焕发生机。

2. 激发与约束的平衡

激发与约束的平衡是家族企业治理的关键。家族企业中的家族成员通常具有强烈的归属感和责任感，能够积极主动地参与企业经营和决策，这是家族企业的独特优势。然而，积极性和自主性的过度激发可能导致家族成员更注重个人利益，忽视企业的整体利益；而过度约束权力又可能抑制家族成员参与企业经营的积极性和创新精神。因此，家族企业需要在激发家族成员积极性和自主性与权力约束之间找到一个平衡点，建立完善的激励机制和约束机制，确保家族成员的行为既符合企业的整体利益，又能够充分展现其个人价值。

3. 稳定与流动的平衡

稳定与流动的平衡是家族企业治理的保障。稳定性是家族企业持续发展的基础，而适度的流动性则有助于家族企业适应市场变化、保持竞争力。然而，过度的稳定可能导致家族企业陷入僵化、缺乏创新的境地；而过度的流动又可能破坏企业的稳定性和连续性。因此，家族企业需要在保持一定稳定性的基础上，通过引入新鲜血液、培养新一代接班人等方式，实现稳定与流动的平衡。

德国的博世集团是一家拥有百年历史的家族企业，在保持稳定与流动的平衡方面做得非常出色。博世集团注重家族价值观的传承，强调创新、质量和可持续发展。同时，博世集团也积极引入外部人才，不断推动技术创新和管理变革。博世集团通过建立完善的人才培养体系和职业发展通道，吸引了大量优秀的人才加入该企业，为企业的发展注入了新的活力。

想要实现这3个基本平衡，家族企业可以采取以下措施。

（1）建立健全治理结构。包括明确家族成员和非家族成员员工的权利和义务。在家族企业中，家族成员往往具有特殊的地位和影响力，因此，明确他们的角色和责任至关重要。同时，非家族成员员工也是企业的重要组成部分，他们的专业知识和技能对企业的发展同样具有重要意义。

（2）加强企业文化建设。家族企业应该注重培养家族成员的责任感和使命感，使他们充分认识到自己在企业发展中的重要作用。同时，家族企业可以通过举办各种文化活动，加强员工之间的沟通和交流，营造积极向上的企业氛围。

（3）引入外部管理力量。随着市场竞争的加剧和企业规模的不断扩大，家族企业需要借助外部专业力量来提升其管理水平。这可以通过聘请具有丰富经验和专业技能的职业经理人来实现，他们能够为企业带来新的管理理念和方法，提升企业的决策效率和执行力。

（4）加强人才培养和引进。家族企业应该注重培养内部人才，通过提供培训和学习机会，帮助员工不断提升自己的能力和素质。同时，积极引进外部优秀人才，还可以为企业注入新的活力和创新力。

实现家族企业治理在控制与效率、激发与约束、稳定与流动3个方面的平衡，需要家族成员的共同努力。同时，家族企业也需要不断适应市场变化，加强内部管理，提升竞争力和创新能力，以应对日益激烈的市场竞争。

2.6 把牢家族企业的控制权

家族企业控制权指的是在企业决策、经营和管理等方面的主导权。在家族企业中，控制权往往由家族成员掌握。这有利于维护家族利益，但可能引发决策失误、管理僵化等问题。因此，把牢家族企业控制权，实现权力的合理分配和制衡，是家族企业健康发展的关键。

关于家族控制权的集中及家族主要支系与核心家族成员的控制权问题，家族企业需要充分考虑"大控制"与"小控制"的协调与平衡。在"大控制"层面,家族企业需要确保家族整体对企业具有足够的控制力,以维护家族的利益与企业的稳定发展。

而在"小控制"层面,家族企业则需要关注家族主要支系与核心家族成员在企业管理与决策中的参与度,以充分发挥他们的智慧与经验,提升企业的竞争力。

在控制权实现的过程中,家族企业应高度关注其与企业保护结构及传承结构之间的平衡与匹配。家族企业的保护结构通常包括法律框架、公司章程等制度性安排,而传承结构则涉及家族成员在企业中的角色定位与权力交接。为确保控制权顺利实现,家族企业需要确保这些结构相互协调,既能保障家族的控制地位,又能推动企业长远发展。

股东流动性的变化及增长资本的投入对家族控制权具有实质性影响。随着企业的发展与市场的变化,股东结构可能会发生变化,新的投资者或合作伙伴的加入可能给家族控制权的稳定带来挑战。因此,企业需要在维护家族控制权的同时,积极寻求各方利益的平衡,以实现长期的稳定与发展。

权杖交接的全过程及完成后的控制权安排也是家族企业需要特别关注与把握的。家族企业的传承不仅涉及财富的传承,更涉及家族价值观、企业文化及管理经验的传承。在权杖交接的过程中,家族企业需要制订明确的传承计划,以确保家族成员能够顺利接手企业的控制权。而在权杖交接完成后,家族企业还需要关注新一代家族成员在企业管理中的表现,及时给予支持与指导,以确保他们能够胜任新的角色。

沃伦·巴菲特是被誉为"股神"的传奇人物，其不仅以精湛的投资技巧赢得了全球投资者的敬仰，更以卓越的家族企业管理才能，使得伯克希尔·哈撒韦公司这一商业帝国得以存续发展，为其他家族企业提供了宝贵的管理经验。

巴菲特深知家族企业的传承并非易事，他通过巧妙的策略确保了家族对公司的控制权。其中，最具代表性的便是将公司股票分为 A 类和 B 类。A 类股票享有更高的投票权，而 B 类股票的投票权则相对较少。这样的设置使得巴菲特家族即使在不持有大量股份的情况下，也能保持对公司的控制。这一策略不仅保证了家族利益的延续，也避免了因股权分散而导致公司管理混乱。

除股权设置外，巴菲特还非常重视继承人的选拔和培养。他始终坚持从公司内部挑选有能力、有潜力的年轻人才，并通过一系列的培训和指导，帮助他们逐步成长为公司的核心力量。这样的做法不仅确保了公司文化和价值观的延续，也避免了因外部人员介入而带来的不确定性和风险。

在家族企业的发展历程中，控制权无疑是一个关键且复杂的议题。这不仅是因为控制权直接关乎企业内部的决策权和资源配置权，更是因为它紧密连接着家族成员的利益与企业的未来走向。因此，在家族企业不断发展壮大的过程中，控制权考量与安排的重要性愈发凸显。

2.7 路线图：家族与外部 + 集中与分散

家族企业治理路线图的构建，不仅关乎企业的稳健发展，更直接影响到家族传承和家族利益最大化。其中，家族与外部的关系及集中与分散的权衡成为家族企业治理的两大核心问题，如图 2-5 所示。

图 2-5 家族企业治理路线图的构建

一方面，在家族企业治理中，家族成员与外部专业人士的协作与制衡至关重要。家族成员往往对企业有着深厚的情感和责任感，他们更愿意为了企业的长远利益而努力。但过度依赖家族成员可能导致决策缺乏客观性和专业性，甚至可能滋生腐败和权力滥用的问题。

另一方面，集中与分散的权衡也是家族企业治理中不可忽视的一环。集中治理意味着企业权力的高度集中，家族成员可能拥有更大的决策权和影响力。在这种模式下，决策过程可能更加迅速、高效，但也更容易导致决策失误和权力滥用。

相比之下，分散治理则强调权力分散和制衡，通过设立监事会、董事会等机构来限制家族成员的权力,以确保企业决策的公正性和合理性。在实际操作中,家族企业需要根据自身特点和需求,灵活调整集中与分散的程度,以实现权力的合理配置和有效制衡。

除上述两大核心议题外,家族企业治理还需要关注其他方面。例如,建立有效的激励机制,以激发家族成员和外部专业人士的积极性和创造力;加强内部控制和风险管理,以防范潜在的风险和危机;推动企业文化建设,以形成积极向上的价值观和企业文化氛围等。

在构建家族企业治理路线图时,家族企业还需要结合具体案例和实证研究来深入探讨这些问题。家族企业可以分析一些成功的治理案例,了解它们在治理结构和机制上的特点和优势;也可以研究一些失败的案例,分析导致其失败的原因。此外,家族企业还可以参考一些实证研究的结果,了解家族企业治理的普遍规律和发展趋势,为构建更加完善的家族企业治理路线图提供有力支持。

综上所述,家族企业治理路线图的构建是一个复杂且系统的过程,需要综合考虑家族与外部的关系及集中与分散的权衡等多个方面。构建家族企业治理路线图可以推动家族企业治理的完善和发展,为企业的长远发展和家族传承奠定坚实基础。

2.8 全新视角:以合伙关系看待家族企业

在这个日新月异的时代,家族企业以其独特的经营模式和深厚的文化底蕴，成为商业世界中一股不可忽视的力量。近年来，越来越多的人开始尝试以全新的视角——合伙关系，来看待和分析家族企业，从而制定更科学的经营策略，为企业开辟更为广阔的发展空间。

合伙关系是指两个或两个以上的人共同出资、共同经营、共享收益、共担风险的一种合作形式。合伙关系具有以下优势。

（1）资源整合。合伙关系可以将不同的资源整合在一起，实现优势互补。合伙人可以带来资金、技术、管理经验等方面的资源，为企业的发展提供强大的支持。

（2）风险分担。合伙关系可以将风险分散到各个合伙人身上，降低单个合伙人的风险。在企业面临困难和挑战时，合伙人可以共同承担风险，共同寻找解决方案。

（3）决策民主。在合伙关系下，各个合伙人通常采用民主决策的方式，共同参与企业决策，充分发挥各自的优势和智慧。这种决策方式可以避免独裁决策和盲目决策。

（4）激励机制。合伙关系可以通过合理的利益分配机制，激励合伙人积极参与企业的经营管理。合伙人的利益与企业的发展紧密相连，他们会更加努力地为企业创造价值。

从合伙关系的角度来看，家族企业不再仅仅是基于血缘关系的一种组织形式，而是更侧重于成员间的共同目标和利益。这种观念转变使得家族企业在人员选择和团队搭配上拥有更多的灵活性。

家族企业可以吸引更多具有专业技能和丰富经验的外部人才加入，从而获得活力和创新力。通过与外部合伙人建立合作关系，家族企业可以引入新的管理理念和技术，促进创新和转型。同时，这种基于共同目标和利益的合作方式，有助于提升企业内部凝聚力和执行力，使得企业在市场竞争中更具优势。

引入外部合伙人后，家族企业可以建立合伙人制度，明确合伙人的权利和义务，规范合伙人的行为。合伙人制度包括合伙人的选拔机制、利益分配机制、决策机制等。通过建立合伙人制度，家族企业可以实现内部管理的规范化和制度化，提高企业的运营效率和管理水平。

家族企业中的家族成员和合伙人之间需要加强沟通与合作，建立良好的合作关系。家族成员应该尊重合伙人的意见和建议，充分发挥合伙人的专业优势。合伙人也应该理解家族企业的文化和价值观，积极融入家族企业的发展中。只有通过加强沟通与合作，家族企业才能实现更好的发展。

家族企业应该培养合伙人精神，即共同出资、共同经营、共享收益、共担风险的精神。家族成员和合伙人应该树立共同的目标和价值观，共同为企业的发展而努力。同时，家族企业也应该通过培训和教育等方式，提高家族成员和合伙人的合作意识和团队精神。

通过合伙关系的视角，家族企业可以更好地理解和运用自身的资源优势。家族企业通常拥有深厚的文化底蕴和广泛的社会关系网络，这些资源在合伙关系的框架下可以得到更有效的利用。

例如，家族企业可以借助其社会关系网络，拓展业务渠道和合作伙伴，从而实现资源共享和互利共赢。同时，家族企业的文化底蕴也可以成为其独特的竞争优势，帮助其在激烈的市场竞争中脱颖而出。

此外,合伙关系的视角还有助于家族企业深入剖析传承和发展过程中面临的问题和挑战。传统的家族企业在传承方面往往面临家族成员能力不足、利益分配不均等问题。而通过引入合伙关系的理念,家族企业可以建立起更加科学和完善的传承机制,以确保企业在家族成员之间平稳过渡和持续发展。同时,合伙关系也可以帮助企业及时应对外部环境的变化,如政策调整、市场竞争等,从而使企业保持竞争力和生命力。

家族企业也应意识到,引入合伙关系的理念并非一蹴而就的过程。这需要家族成员具备开放的心态和前瞻的视野,勇于突破传统观念的束缚,积极探索和实践新的经营模式和管理方式。

总之,以合伙关系的视角来看待家族企业,不仅有助于深入理解家族企业的本质和特点,还可以为家族企业的发展提供新的思路和方向。

2.9 新《公司法》对家族企业的影响

新《中华人民共和国公司法》(以下简称《公司法》)于2024年7月1日起正式实施。在原《公司法》的基础上,新《公司法》进行了一系列重大变革,对家族企业的运营产生了影响。

1. 强化股东和董监高的责任

新《公司法》明确了股东和董监高在企业治理中的责任和义务,加大了对违法违规行为的处罚力度。例如,新《公司法》第二十三条规定:"公司股东滥用公司法人独立地位和股东有限责任,逃避债务,严重损害公司债权人利益的,应当对公司债务承担连带责任。股东利用其控制的两个以上公司实施前款规定行为的,各公司应当对任一公司的债务承担连带责任。只有一个股东的公司,股东不能证明公司财产独立于股东自己的财产的,应当对公司债务承担连带责任。"

对家族企业而言,强化股东和董监高的责任意味着家族成员在企业治理中需要更加谨慎地行使权利、履行义务。家族企业往往具有家族成员控股、管理的特点,新《公司法》的这一变化要求家族股东不能仅仅关注自身利益,而要从企业整体利益出发,避免滥用股东权利。同时,家族成员担任董监高职务的,需要更加勤勉尽责,提高企业治理水平,否则将面临更大的法律风险。

2. 类别股制度提升家族企业治理的灵活性

新《公司法》第一百四十四条至第一百四十六条正式确立了类别股制度。类别股制度是指企业发行的股份享有不同的权利,如表决权、分红受益权等。这一制度为家族企业的控制权设计及传承提供了全新的可能性。

首先,助力家族在构建企业股权架构的过程中,将表决权、分红受益权等权利法律化、制度化。在家族企业不同的发展阶段,家族成员对股权的需求可能不同,家族可以运用类别股制度,根据家族企业的实际情况设计不同类型的股份,以满足家族成员在不同阶段的利益诉求。

其次,尽管类别股制度尚未能彻底解决股权家族信托或基金会持股实施过程中所面临的操作难题,但它巧妙地利用股权收益权信托机制,为家族成员提供了实现信托受益权的可行途径。这种方式可以在一定程度上实现家族财富的传承和风险隔离。

最后,类别股制度能够促使企业家采取长期主义的分红策略,将社会公益、员工激励与家族成员的"私益"融为一体,进而推动实现共同富裕的目标。家族企业可以通过发行具有特定分红权的股份,将部分利润用于社会公益事业和员工激励,既提升了企业的社会形象,又增强了员工的凝聚力,同时也实现了家族成员的利益。

3. 加剧了家族企业债务风险的外溢

新《公司法》第五十四条规定了出资加速到期制度:"公司不能清偿到期债务的,公司或者已到期债权的债权人有权要求已认缴出资但未届出资期限的股东提前缴纳出资。"根据该项规定,当家族企业存在破产清算或解散等情形时,家族企业股东的未实缴出资需要加速到期。此时,家族企业未实缴出资的股东在未缴出资范围内对企业债务承担连带清偿责任。这一制度的应用,使得家族企业的股东在面临企业债务时无法再逃避责任,从而加剧了家族企业债务风险的外溢。

家族企业在经营过程中需要更加注重风险管理,合理控制债务规模,避免过度负债。同时,家族企业也需要加强财务管理,提高资金使用效率,确保有足够的偿债能力。

总之,新《公司法》的出台为家族企业带来了机遇和挑战。家族企业需要认真学习新《公司法》,结合自身实际情况,调整治理架构,完善股权架构设计,加强风险管理,以适应新的法律环境。

第 3 章

家企隔离：企业资产必须合规

在日益复杂的商业环境中，企业资产合规性管理已经成为确保企业稳定发展和风险可控的重要基石。家企隔离正是这一管理体系中不可缺少的一环。通过遵循家企隔离的原则，企业能够在财务上实现透明、合规运营，避免不必要的风险和纷争。

3.1 为何家企隔离是企业家的生命线

对企业家而言，家企隔离是生命线，它如同一道无形的屏障，守护着家族企业的资产安全及家庭关系的和谐，为企业家事业取得成功提供坚实的基础。因此，企业家有必要深入探讨家企隔离的重要性（见图 3-1），并积极采取措施来实现和维护这一机制。

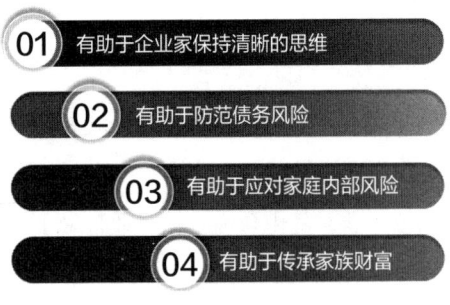

图 3-1 家企隔离的重要性

第3章 家企隔离：企业资产必须合规

首先，家企隔离有助于企业家保持清晰的思维。在商业领域，企业家往往需要面对诸多复杂的问题和挑战，需要快速作出决策。如果企业家无法将工作与生活分开，情感因素可能会影响其判断和决策。例如，在人事安排上，可能会因为亲属关系而任用不合适的人，从而影响企业的运营效率和竞争力。而家企隔离可以让企业家在工作时保持理性和客观，不受家庭情感的干扰，以更加专业的态度作出决策。

家庭琐事也会分散企业家的精力。家庭生活中不可避免地会有各种琐事，如孩子的教育、老人的照顾、家庭矛盾的处理等。如果这些事情与企业事务交织在一起，企业家就会陷入忙碌和混乱之中，难以集中精力思考企业的战略发展和业务问题。通过家企隔离，企业家可以将家庭事务与企业事务分开处理，在工作时间专注于企业的发展，从而提高工作效率和决策质量。

其次，家企隔离有助于防范债务风险。在商业活动中，企业家往往需要承担一定的债务风险，以支持企业的扩张和发展。如果家庭与企业没有进行有效隔离，企业的债务风险很容易蔓延到家庭，给企业家及其家庭带来巨大的经济压力和生活困扰。

（1）家企隔离可以明确企业债务的责任主体。企业作为独立的法人实体，其债务应由企业自身承担。如果企业家在经营过程中没有将家庭资产与企业资产分开，当企业面临债务危机时，债权人可能会要求企业家以家庭资产来偿还企业债务。家企隔离可以明确企业债务的责任范围，避免家庭资产被无端卷入企业债务纠纷中，保护企业家及其家庭的财产安全。

（2）家企隔离有助于规范企业的财务管理。良好的财务管理是防范债务风险的关键。如果家庭与企业的财务混为一谈，企业的资金使用就会缺乏有效的监督和管理，容易出现资金挪用、浪费等问题，增加企业的债务风险。而实行家企隔离，建立健全企业的财务管理制度，严格区分企业资金和家庭资金，能够提高企业资金的使用效率，降低企业的财务风险。

（3）家企隔离可以为企业家提供一定的风险缓冲空间。在市场经济中，企业面临风险是不可避免的。如果家庭资产与企业资产未能有效隔离，家庭财产很可能成为债权人追偿的对象。这不仅会给企业家带来沉重的经济压力，还可能影响其家庭的生活质量和稳定。通过家企隔离，企业家可以在一定程度上避免个人财产和家庭财产因企业债务而受损。

再次，家企隔离有助于应对家庭内部风险。家庭是企业家的重要支撑，家庭内部的问题也可能对企业的运营产生负面影响。

一方面，家企隔离可以减少家庭矛盾对企业的影响。在家庭生活中，家庭成员之间难免会出现矛盾和冲突。如果这些矛盾没有得到妥善处理，很可能会影响企业家的情绪和工作状态，进而对企业的经营产生负面影响。通过家企隔离，企业家可以在家庭矛盾发生时，将其与企业事务分开，避免家庭矛盾扩散到企业中，保持企业的稳定运营。

另一方面，家企隔离可以为家庭成员提供一定的保障。企业家事业的成功往往伴随着较高的风险。如果家庭资产与企业资产没有隔离，当企业遭遇风险时，家庭成员的生活也会受到严重影响。而

第 3 章　家企隔离：企业资产必须合规

实行家企隔离，将家庭资产进行合理规划和管理，可以为家庭成员提供一定的经济保障，确保在企业陷入困境时，他们仍然能够维持正常的生活。

最后，家企隔离还有助于传承家族财富。对成功的企业家来说，家族财富的传承是一个重要的问题。如果家庭与企业没有进行有效的隔离，家族财富很容易在企业经营风险中遭受损失。而通过家企隔离，建立科学的家族财富管理体系，将家族资产与企业资产分开管理，可以确保家族财富安全、稳定传承。

赵先生拥有一幢主要用于从事服装销售店铺出租管理业务的大楼，该大楼内拥有众多小商铺，并已成功租赁给商户，为赵先生带来了稳定的月租金收入。为逃避纳税义务，赵先生选择以其弟弟的名义在银行开设账户，并告知那些不需要开发票的商户将租金直接汇入该账户。经过多年的累积，该账户内的租金收入已达千万元。

然而，令赵先生始料未及的是，其弟弟夫妻二人因离婚纠纷而闹上法庭。在诉讼过程中，弟媳主张其丈夫名下银行账户内的千万元存款属于夫妻共同财产，并坚决要求分割。对此，弟弟则向法官解释称，该笔款项实为哥哥公司的收入，并非个人所得。

此事一经曝光，赵先生利用弟弟账户收取企业经营款项的行为便受到了司法机关的关注。如果法院发出司法建议书，或者其弟媳向税务机关举报，赵先生就需要承担偷逃税的刑事责任，其企业也可能承担连带责任。

企业家通过个人账户收取企业经营款项属于违法行为。此类行为不仅可能面临偷税漏税的处罚，导致经济损失，在情节严重的情况下，还可能面临刑事责任。因此，家企隔离是企业家保护个人和家庭财产安全、确保企业稳健运营的重要策略。企业家需要遵守相关法律法规，规范企业财务管理，确保合法经营。

3.2 家企隔离"防火墙"进入新时代

随着信息技术的飞速发展，家庭和企业的界限日益模糊，信息交流与资源共享变得前所未有的便捷。但这也引发了一个不容忽视的问题——家庭与企业之间的信息安全风险。在这个背景下，家企隔离"防火墙"应运而生，并逐步进入一个全新的时代。

过去的家企隔离大多停留在物理层面，如使用不同的电脑、手机等设备来处理家庭与工作的信息。但随着云计算、大数据等技术的普及，信息安全风险已经从物理层面扩展到网络层面。因此，现代家企隔离不仅需要在物理层面进行隔离，还需要在网络层面进行更加深入的安全防护。

在新时代，家企隔离"防火墙"的功能将更加全面、智能。它能够对家庭与企业之间的数据进行有效隔离和管理，确保敏感信息不被泄露。同时，它还能够对网络流量进行监控和过滤，防止恶意软件、病毒等侵入家庭或企业的网络。

在全球经济格局持续演变、金融市场日趋复杂的时代背景下，防范企业经营和金融领域可能出现的"黑天鹅"事件已成为社会各界的普遍共识和关注焦点。所谓"黑天鹅"事件，是指那些具有不可预测性，一旦发生就可能对企业经营和金融市场产生深远影响的重大突发事件。例如，恒大和"中植系"爆雷，以及澳丰案等令市场震惊的突发事件均属于典型的"黑天鹅"事件。此类事件不仅会对企业经营造成巨大冲击，还会引发连锁反应，对广大投资者和家庭的财富安全构成严重威胁。

家企隔离"防火墙"机制的核心在于将家庭和企业的经济活动进行有效隔离，从而避免企业债务或风险波及家庭资产。通过实施家企隔离，企业和家庭能够在一定程度上降低"黑天鹅"事件带来的损失，确保财富的安全与稳定。

根据各大金融财富机构所发布的报告，在境内外"黑天鹅"事件频发的背景下，高净值客户财富管理的首要关注点已转向资产保全。这一转变反映出，他们不再过分追求财富的迅速增长，而是将确保财富的安全与稳定置于首要地位。

这种变化推动了家企隔离策略的深入发展与优化，使得众多企业及家庭开始关注并实施家企隔离"防火墙"，以保障资产安全。

作为一种有效的风险管理机制，家企隔离"防火墙"逐渐受到越来越多企业和家庭的关注和青睐。通过实施家企隔离，企业家可以更好地保护企业和家庭的财产安全，应对不确定性风险带来的挑战。

3.3 安全风控：金税四期之下的合规之策

金税四期上线，给企业的税务管理带来了前所未有的挑战，同时也为企业实现合规经营提供了新的机遇。在金税四期的大背景下，如何实现家企隔离，确保企业资产的合规与安全，成为企业管理者和创业者必须面对的重要问题。

依托强大的大数据技术，金税四期能够整合来自多个渠道和部门的海量数据，包括税务、银行、社保等。通过对这些数据的深度挖掘和分析，企业能够实现对经营活动的全方位洞察，深入了解业务模式、资金流向、供应链关系等，从而更准确地评估税务风险和合规状况。

金税四期打破了各部门之间的信息壁垒，实现了税务部门与其他政府部门之间的信息共享和协同监管。这使得税务部门能够获取更全面、更准确的企业信息，同时也加强了不同部门之间的协作，形成监管合力，共同打击偷税漏税、虚开发票等违法行为。

从纳税申报、税款征收、税务检查到税务稽查，金税四期实现了税收征管全流程的数字化管理。企业可以通过电子税务局享受便捷的纳税申报和办税服务，税务部门则通过数字化手段对税收业务进行高效处理和管理，大幅提高了税收征管的效率和服务质量。

金税四期给税收征管带来了重大变革，其强大的数据分析和监控能力，使得企业的财务和税务信息更加透明化和精准化，实现了对企业税务信息的全方位、实时监控。这意味着企业的任何税务违规行为都将无处遁形。

在这样的大环境下，家族企业应重新审视自身的税务管理策略，以合规为首要目标深入研究税收政策，结合自身的业务特点和发展战略，合理利用税收优惠政策，降低税务成本。家族企业应杜绝任何形式的偷税漏税行为，以免引发法律风险。

产权清晰是家族企业资产合规的基石。家族企业往往存在家族成员个人资产与企业资产界限模糊的问题。家庭财产与企业资产混淆,不仅可能导致企业在税务方面面临合规挑战,还可能在企业面临经营困境时,牵连家庭财产,影响家庭的生活质量和稳定。

为实现合规运营,家族企业应通过明确的法律文件和财务记录,清晰界定家族成员投入企业的资产及企业所积累的资产,防止资产混同引发税务纠纷。

在财务管理方面,建立规范、透明的财务制度至关重要。家族企业应摒弃传统的家族式管理模式,引入专业的财务人员,按照会计准则进行准确的会计核算和财务报表编制。同时,加强内部审计,定期对财务状况进行审查和监督。

在金税四期的背景下,家族企业只有坚守合规底线,不断优化资产管理和运营的方式,才能在激烈的市场竞争中稳健前行,实现长期繁荣与可持续发展。

3.4 家企混同的五大隐患

在家族企业这一组织形式下,家庭与企业之间有着紧密的联系,很容易出现家企混同的问题。家企混同不仅可能导致家庭与企业的界限模糊,还可能带来一系列隐患,如图3-2所示。

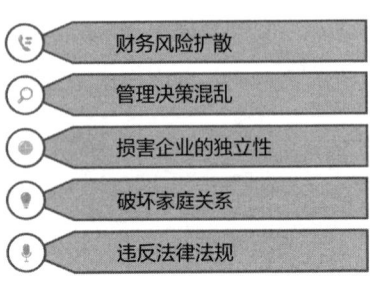

图 3-2　家企混同的隐患

1. 财务风险扩散

企业作为独立的经济实体,在经营过程中面临着各种风险,如市场波动、竞争压力、资金周转困难等。当家庭资产与企业资产相互交织,难以清晰划分时,一旦企业陷入财务困境,家庭财富很可能也会受到波及。

例如,一些企业家在企业资金紧张时,私自挪用家庭资金来填补企业的资金缺口。虽然这种做法在短期内可能缓解企业的困境,但从长远来看,一旦企业无法扭转局面,家庭资金也将面临无法收回的风险。同时,企业的不良债务也可能影响家庭的信用状况,给家庭成员的个人经济活动带来诸多限制。

财务风险的扩散不仅可能导致家庭财务状况急剧恶化,影响家庭成员的生活质量和未来规划,还可能加剧企业的困境,甚至导致企业破产。因此,保持家庭资产和企业资产相互独立,建立清晰的财务界限,是防范家企混同风险的重要措施。

2. 管理决策混乱

企业的管理决策需要基于客观的市场分析、财务状况和战略规划,而家庭因素的介入往往会使决策变得复杂和不理性。

在决策过程中,家庭情感因素可能会干扰企业家的判断。例如,在面对企业的重大投资决策时,企业家可能会因为考虑到家庭成员的意见或利益而作出不恰当的决策。家庭内部的矛盾和分歧也可能影响企业决策的一致性和执行力,使企业在市场竞争中处于被动地位。

在人事安排方面,家企混同可能导致任人唯亲的现象。企业家可能会因为亲情关系而将不具备相应能力和经验的家庭成员安排到重要岗位上。这些人可能因缺乏专业知识和管理能力,而无法胜任工作,从而影响企业的运营效率和竞争力。同时,这种不公平的人事安排也可能引起企业内部其他员工的不满,破坏团队的凝聚力,打击员工工作的积极性。

此外,家企混同还可能导致企业管理缺乏专业性和规范性。家庭式的管理方式往往注重人情关系,而忽视了企业管理的制度建设和流程规范。这可能使企业在财务管理、人力资源管理、市场营销等方面出现漏洞。

这种混乱的管理状态不仅可能阻碍企业的发展,还可能损害企业的声誉和竞争力。因此,建立科学的管理制度和决策机制,确保企业决策的独立性和公正性,是防止家企混同引发管理混乱的关键。

3. 损害企业的独立性

企业的法人治理结构是保证企业规范运作、保护股东利益的重要制度安排。如果家庭因素过多地介入企业治理,可能会破坏董事会、监事会和管理层之间的制衡机制，使企业决策缺乏有效的监督和约束。例如，企业家可能会因为家庭利益而忽视其他股东的意见，从而作出不利于企业发展的决策。

在市场经济中，企业的竞争力取决于其产品质量、服务水平、创新能力等因素。如果企业因为家企混同而缺乏独立性和专业性，就难以在市场上立足。客户和合作伙伴可能会对企业的信誉和能力产生怀疑，从而拒绝与该企业合作。

为保持独立性和市场竞争力，家族企业应明确区分家庭利益和企业利益，在作企业决策时独立于家庭之外，不受家庭因素的影响。

4. 破坏家庭关系

在家庭与企业混同的情况下，家庭成员可能因为经济利益、权利分配等问题产生分歧和矛盾。

一方面，企业的经营压力可能蔓延至家庭，引发家庭矛盾。企业家在经营企业的过程中，往往面临着巨大的工作压力和风险。如果家企不分，这些压力和风险很容易影响到家庭生活。家庭成员可能会因为企业的问题而产生焦虑、紧张等情绪，进而引发家庭矛盾和冲突。例如，企业的财务困境可能导致家庭经济紧张，引发夫妻之间、父母与子女之间的争吵和矛盾。

另一方面，家庭内部的矛盾也可能影响企业的经营。家庭关系不和谐会使企业家分心，无法集中精力经营企业。

同时，家庭矛盾可能会扩散到企业内部，影响员工的工作情绪和团队的工作氛围。例如，家庭成员在企业中发生争执，可能会影响其他员工工作的积极性和对企业的忠诚度。

5. 违反法律法规

在一些国家和地区，家庭与企业在财务、管理等方面混同是违法行为。如果企业因此受到法律制裁，不仅会给企业带来经济损失，还可能影响企业家的个人声誉和职业发展。

在税收方面，家企混同可能导致企业和家庭的税收申报不准确。企业和家庭的收入、支出应该分别进行核算和申报纳税。如果家企不分，可能会出现漏税、逃税等违法行为，给企业家带来严重的法律后果。

企业作为独立的法人实体，有其特定的法律责任和义务。如果企业家将家庭资产与企业资产混同，可能会违反《公司法》关于企业独立人格和股东有限责任的规定。在企业出现债务纠纷时，法院可能会要求企业家以个人资产承担企业债务，从而使企业家面临巨大的法律风险。

在财产继承方面，家企混同可能导致财产继承出现法律问题。如果企业资产与家庭资产没有明确的界限，在企业家去世后，可能会引发财产继承纠纷和争议。家庭成员可能会因为对企业资产的归属和分配存在分歧而提起法律诉讼，影响家庭关系的和谐和财产继承的顺利进行。

综上所述，家企混同现象具有诸多隐患，对个人、家庭和企业都构成严重威胁。因此，企业家应充分了解家企混同的隐患，并采取有效措施来明确区分家庭与企业的界限，规范家庭成员在企业中的角色和权限，加强企业内部的财务管理和监管。

3.5 方向一：应税资产和免税资产隔离

在复杂的税务环境中，企业和个人都需要谨慎地管理自己的资产，以遵守税法规定并实现利益最大化。其中，家企隔离是一个关键概念，它涉及应税资产和免税资产的隔离。

明确应税资产和免税资产的概念尤其关键。应税资产，顾名思义，是指需要缴纳税款的资产，包括各种投资收益、经营所得等。而免税资产则是指不用缴纳税款的资产，如某些政府补贴、捐赠收入等。

由于家庭和企业的税收待遇存在明显差异，因此在家企混同的情况下，如果没有做好隔离工作，很容易引发税务风险。

在家族企业的财务管理中，应税资产和免税资产的隔离至关重要。为有效地实现这一目标，企业家可以从多个维度入手，以确保二者之间的界限清晰明确，如图 3-3 所示。

1. 建立健全财务管理制度
2. 加强对税务知识的学习和了解
3. 借助专业的税务咨询服务

图 3-3 应税资产和免税资产隔离的措施

首先，建立健全财务管理制度是应税资产和免税资产隔离的基础。这意味着企业和家庭的财务必须清晰地隔离。具体而言，企业家可以设立独立的银行账户分别管理企业和家庭的资产，同时，制定详细的财务报表,明确记录各项资产的来源、用途和税收情况,以更好地跟踪和管理应税资产和免税资产。

其次,加强对税务知识的学习和了解必不可少。企业家和家庭成员都应该掌握一定的税法基础知识,了解各类资产的税收待遇和申报要求。这样不仅能够避免因对税法不熟悉而引发税务风险,还能在合法合规的前提下进行税务筹划,为企业和家庭创造更多的价值。

最后,借助专业的税务咨询服务也是一个明智的选择。税务专家具有丰富的经验和专业知识,能够根据企业和家庭的实际情况,提供有针对性的税务规划建议。他们可以帮助企业家更好地管理应税资产和免税资产,降低税务风险,实现财务和企业经营稳定。

具体实践中一些生动的案例可以进一步表明应税资产和免税资产隔离的重要性。例如,某企业家将家庭资金用于企业经营,由于未做好应税资产和免税资产隔离工作,使税务部门认定这些家庭资金为企业所得,需要缴纳高额税款。这不仅给企业带来了沉重的财务负担,还影响了企业的正常运营。如果该企业家能够提前规划,将家庭资产与企业资产明确区分开来,就可以避免这种情况的出现。

总之,企业家可以从以上几个方面入手,做好应税资产和免税资产的隔离。通过综合运用这些措施,企业家可以更好地管理应税资产和免税资产,降低税务风险,实现企业和家庭的财务稳健发展。

3.6 方向二：婚姻资产和单方资产隔离

家企隔离是一项十分重要且极具挑战性的工作，涉及家庭资产与企业资产之间的复杂关系，需要企业家在保持家庭幸福的同时，确保企业的稳健发展。为实现这一目标，家族企业需要采取一系列合理的财务规划、法律手段，并促进家庭成员之间的沟通与理解，从而实现婚姻资产和单方资产的有效隔离。

在婚姻关系中，夫妻双方通常会携手并进，共同承担家庭的经济责任。因此，婚姻资产往往是由双方共同努力而创造出来的，包括房产、存款、股票及其他各类投资等。当家庭资产与企业资产混同时，一旦企业面临经济风险、经营困境或其他不可预见的问题，家庭资产可能受到波及，甚至可能遭受巨大的损失。

为避免这种情况出现，家族企业中的夫妻双方需要通过合理的财务规划和法律手段，将婚姻资产与企业资产进行有效隔离。一种常见的做法是设立独立的家族信托或建立专门的财产管理制度。

这些制度可以确保家庭资产在企业面临风险时保持安全、稳定，不受影响。同时，通过合理的资产配置和投资规划，家庭资产可以实现保值增值，为家庭的未来幸福奠定坚实的基础。

除婚姻资产隔离外，单方资产隔离同样至关重要。在家庭关系中，除共同财产外，还可能存在只属于某一方的个人财产，包括婚前财产、继承财产、赠与财产等。这些财产对个人来说具有特殊的意义和价值，需要对其进行明确界定和隔离。

为实现婚姻资产和单方资产隔离，家族企业中的夫妻可以采取一系列措施。首先，签订婚前协议是一种有效的手段。通过婚前协议，夫妻双方可以明确各自在婚姻关系中的财产权益和责任，避免未来因财产问题而产生纠纷。

其次，夫妻可以分别设立个人银行账户，将个人财产与企业资产、家庭资产分离开来，确保个人财产的独立性和安全性。

最后，进行财产公证也是一种可行的方式，通过公证机关的证明，可以进一步明确个人财产的权属和范围。

通过合理的财务规划、法律手段及家庭成员之间的协作与沟通，家族企业中的夫妻双方可以实现婚姻资产和单方资产的有效隔离，为家庭幸福和企业稳健发展保驾护航。同时，家族企业也要时刻关注市场动态和法律法规的变化，及时调整风险隔离策略，确保家庭和企业都能够在不断变化的环境中稳健前行。

3.7 方向三：固定资产和现金流资产隔离

在现代社会，随着经济的快速发展和市场竞争的日益激烈，企业和个人所面临的资产管理挑战也愈发复杂多样。因此，深入理解和实施固定资产和现金流资产隔离，对实现家企隔离具有重要意义。

固定资产通常指的是那些价值较高、使用期限较长的资产，如房产、机器设备、车辆等。这些资产通常是企业生产经营的基础，对企业稳定运营有着重要意义。然而，当企业面临经营困境或债务纠纷时，固定资产往往成为债权人追索的焦点，从而给家庭资产带来潜在的风险。

现金流资产包括企业的现金、银行存款、应收账款等,具有流动性强、价值相对稳定的特点。

这两类资产在企业运营中发挥着不同的作用,也面临着不同的风险。为了规避风险,实现家企隔离,许多家族企业将固定资产与现金流资产进行隔离,具体有以下几种措施,如图3-4所示。

图3-4 实现固定资产和现金流资产隔离的措施

(1)建立健全资产管理制度。家族企业应建立完善的资产管理制度,明确各类资产的权属、使用和管理责任,确保固定资产和现金流资产得到有效管理和保护。同时,家族企业还要加强内部审计和财务监管,防止资产的流失和滥用。

(2)通过法律手段实现资产隔离。家族企业可以通过设立独立的法人实体或信托等方式,将固定资产和现金流资产进行隔离。这样可以在法律上明确资产的权属和权益,降低因家企混同而带来的法律风险。

(3)加强风险管理和内部控制。家族企业应建立完善的风险管理机制,对可能出现的风险进行识别和评估,并采取相应的应对措施。同时,家族企业还要加强内部控制,确保企业运营的合规性和稳健性。

在实际操作中，家企隔离的实施还需要考虑不同行业和地区的特殊情况。例如，一些行业可能涉及更多的固定资产投入和现金流管理，因此需要更加关注资产的有效利用和风险控制；一些地区的税收和相关法律制度更加复杂，因此需要更加谨慎地处理资产归属和财务管理问题。在实施家企隔离时，家族应结合自身实际情况，选择具体的策略和措施。

实现家企隔离，特别是固定资产和现金流资产的隔离，是保障家族企业稳健运营和降低法律风险的重要措施。家族企业应充分认识到这一点，并采取有效的措施避免家企混同的风险，为自身的可持续发展提供有力保障。

3.8 方向四：创始股东与经营团队隔离

在家企隔离的过程中，实现创始股东与经营团队的隔离对确保企业的稳定运营和长远发展具有重要的意义。这种隔离策略旨在保护企业免受创始人个人风险的影响，从而确保企业在任何情况下都能保持稳健的发展态势。

在现代企业中，创始股东和经营团队扮演着不同的角色。创始股东通常是企业的创始人和主要投资者，他们为企业的创立和发展提供了重要的资金和资源支持。而经营团队则负责企业的日常运营和管理，确保企业能够按照既定的战略和目标顺利发展。

但当创始股东与经营团队过于紧密地联系在一起时，企业可能面临一系列潜在的风险。其中一个致命的风险就是创始人个人风险的连锁反应。例如,创始人因遭遇意外而去世,会对企业经营产生巨大的影响。因为创始人通常在企业中拥有较大的话语权和影响力,他们的离世可能导致企业内部混乱,进而影响到企业的正常运营和发展。

想要通过创始股东与经营团队隔离实现家企隔离,家族企业可以采取多种措施。

首先,家族企业可以建立清晰的组织架构和职责分工,明确各个部门和岗位的职责和权限。这有助于确保经营团队在创始人缺席的情况下能够独立自主地开展工作。其次,家族企业可以加强内部沟通和协作,建立有效的信息共享机制,确保经营团队能够及时了解并掌握企业的运营状况和发展动态。最后,家族企业可以通过引入外部专业人士和顾问来增强经营团队的实力和能力,提高应对突发事件的能力。

创始股东与经营团队隔离不仅可以降低创始人个人风险对家族企业的影响,还可以提高企业的稳定性和可持续发展能力。这有助于家族企业在激烈的市场竞争中保持优势地位,实现长期稳健发展。

在具体实施的过程中,家族企业需要注意避免过度隔离所引发的问题。过度隔离可能导致创始股东与经营团队之间的沟通和协作受阻,影响到家族企业的决策效率和创新能力。因此,家族企业需要在保持适度隔离的同时,加强双方之间的沟通和协作,以确保企业保持灵活性和创新力。

3.9 方向五：单企业资产和分设企业资产隔离

创始合伙人往往不局限于经营单一企业，而是会涉足多个领域，拥有多家企业。这种多元化的经营策略为企业家提供了更多的发展机会和风险控制手段。然而，随着企业数量的增加，家企混同的问题日益凸显。对创始合伙人来说，有意识地隔离单企业资产和分设企业资产，是一项至关重要的管理策略。

为了有效隔离单企业资产和分设企业资产，创始合伙人可以采取一系列措施。首先，可以设立不同的银行账户，以确保每家企业的资金流动都是独立的。其次，建立完善的财务制度和内部控制机制，以确保每家企业的财务活动都是合规和透明的。最后，还可以通过合同、协议等方式，明确各家企业之间的权益关系和责任范围，以规避潜在的法律风险。

除以上措施外，创始合伙人还需要意识到多家企业并存的优势。当某家企业面临困境时，其他企业可以作为备用资源，提供资金、技术、市场等方面的支持。

例如，当A公司遇到财务问题时，B公司和C公司可以通过提供贷款、担保等方式，帮助A公司渡过难关。这种多元化的业务布局和相互支持的关系，不仅可以降低家族企业面临的潜在风险，还可以提高企业的整体竞争力。

在多家企业并存的情况下，创始合伙人需要更加谨慎地运营和管理每家企业。具体而言，创始合伙人需要深入了解每家企业的业务特点、市场环境和竞争态势，以便作出正确的决策和规划；建立有效的沟通机制,确保各家企业之间的信息共享和协作顺畅。

家企隔离对企业家来说具有重要意义。企业家需要具备敏锐的市场洞察力和丰富的管理经验,确保隔离策略有效实施和持续调整,以更好地管理风险,保障企业稳健发展。

3.10 如何隔离家族债务风险

在复杂多变的现代社会中,家族债务风险逐渐成为一个不容忽视的问题。家族成员间存在紧密联系、相互扶持,一旦某个成员陷入债务困境,往往容易波及其他成员,甚至影响整个家族的财务状况。因此,隔离家族债务风险尤为重要。

为了有效地隔离这种风险,家族企业需要从多个方面入手,采取一系列的措施,如图 3-5 所示。

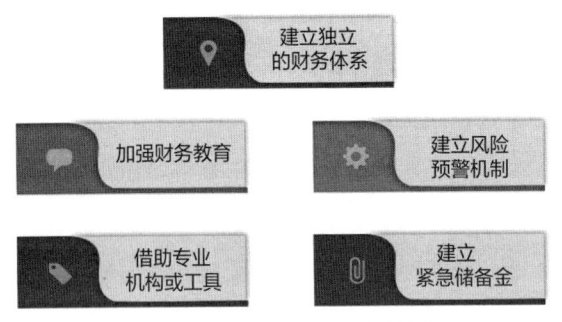

图 3-5 隔离家族债务风险的措施

1. 建立独立的财务体系

家族成员之间应保持财务独立,避免将个人债务与家族企业债务混为一谈。每个家族成员都应有自己的银行账户、信用卡和财务规划,确保个人财务透明、可控。此外,家族成员之间也应避免相互担保或共同承担债务,以防止债务风险的传递。

2. 加强财务教育

提高家族成员的财务素养是隔离债务风险的关键。通过加强财务教育,家族成员可以了解基本的财务知识、风险管理原则和债务应对策略。这有助于他们更加理性、冷静地应对债务问题,避免陷入盲目借贷或投资的陷阱。

3. 建立风险预警机制

家族可以建立风险预警机制,定期对家族成员的财务状况进行审查和分析。例如,家族企业可以设立专门的财务审查机构或委员会,定期审查家族成员的财务状况,一旦发现某个成员存在债务风险迹象,如负债过高、信用评级下降等,应及时采取措施进行干预和纠正。这有助于及时发现并解决潜在的债务问题,防止风险扩大化。

4. 借助专业机构或工具

在隔离家族债务风险的过程中,家族企业可以借助专业机构或工具。例如,家族企业可以聘请专业的财务顾问或律师来评估家族成员的财务状况并提供风险隔离建议;利用信用评级机构的服务来监控家族成员的信用状况,及时发现并解决信用问题。

5. 建立紧急储备金

紧急储备金可用于应对可能出现的突发事件或紧急情况,如失业、疾病、其他意外支出。通过提前储备一定数额的资金,家族成员可以在遭遇困境时保持财务稳定，避免因突发事件而陷入债务困境。

在建立紧急储备金时，家族成员可以根据自己所在家庭的实际收入和支出情况来确定储备金的数额。一般来说，紧急储备金的数额能够满足家庭 3~6 个月的生活开支即可。同时，为确保储备金的安全性，家族成员可以选择将其存入高流动性的储蓄账户或购买低风险的投资产品。

隔离家族债务是一项重要的工作，降低家族债务风险需要家族成员共同努力。家族成员应保持高度的警惕和责任心，共同维护家族的财务稳定和健康运转。

3.11 刑事责任隔离：企业成功的陷阱

在追求成功的道路上，某些企业或许会采取一种看似精明的策略，即寻求刑事责任的隔离。然而，这一做法却可能暗藏危机，成为企业长期发展道路上的绊脚石。

刑事责任隔离指的是企业为了规避违法行为可能产生的刑事责任，通过设立子公司、分支机构的形式，将潜在的风险转嫁到这些实体上。这样，即使这些实体因违法行为受到法律追究，主体企业也能保持相对的独立性和安全性。

诚信是企业生存和发展的基石。如果一家企业频繁采用刑事责任隔离的手段来逃避法律责任，它的诚信度将大打折扣。顾客和合作伙伴会对这种企业产生怀疑，进而对其产品和服务产生不信任感。这种不信任感会直接影响到企业的市场地位和业务拓展，使其难以在激烈的市场竞争中立足。

此外，企业在公众心目中的形象也会因刑事责任隔离而受损。公众通常期望企业能够遵守法律法规，积极承担社会责任。当一家企业采用刑事责任隔离手段来逃避法律责任时，公众会对其产生负面印象，认为其缺乏诚信和道德观念。这种负面印象会进一步影响企业的品牌形象和市场地位，使其难以在公众心中树立良好形象。

更重要的是，刑事责任隔离可能使企业陷入更严重的法律困境。虽然短期内企业可以通过隔离刑事责任来规避法律风险，但从长期来看，这种做法往往会引起相关法律部门的关注。法律部门会对企业的行为进行深入调查，一旦发现其存在违法行为，将会对其进行严厉的制裁，如罚款、吊销营业执照等。此外，企业在未来的合作和竞争中可能因为过去的污点而遭受排挤和打压，难以在行业中立足。

因此，企业应该清醒地认识到刑事责任隔离并非长久之计。相反，企业应该注重诚信经营、遵守法律法规，积极承担社会责任，只有这样，才能赢得顾客的信任和支持，实现长期稳定发展。

为避免刑事责任隔离成为成功的陷阱，企业应该正确对待刑事责任风险并采取以下措施。

1. 加强企业内部治理

企业应建立健全有效的内部控制制度和合规体系，加强对生产经营各个环节的管理和监督，确保所有活动都遵守法律法规的要求。通过完善内部治理，企业可以从根本上降低刑事责任风险。

2. 树立正确的法律意识

企业的实际控制人、管理层和员工都应该树立正确的法律意识，充分认识到违法犯罪行为的严重后果。企业要加强对员工的法律培训，提高员工的法律素养，使他们在工作中自觉遵守法律法规。

3. 积极承担社会责任

企业不仅要追求经济利益，还要积极承担社会责任。在安全生产、环境保护、消费者权益保护等方面，企业应该主动履行自己的义务，树立良好的社会形象。通过积极承担社会责任，企业可以获得社会公众的认可和支持，降低刑事责任风险对自身的影响。

4. 依法应对刑事责任风险

当企业面临刑事责任风险时，应该依法积极应对，而不是试图通过不正当的手段进行刑事责任隔离。企业可以聘请专业的律师团队，制定合理的应对策略，并配合司法机关的调查，争取从轻处罚。同时，企业要从中吸取教训，加强内部管理，防止类似事件再次发生。

综上所述，企业应正确对待刑事责任风险，通过加强内部治理、树立正确的法律意识、积极承担社会责任及依法应对风险来赢得顾客的信任和支持，实现长期稳定的发展。

第4章

财富私有化：不能越过法律红线

财富私有化应当遵循国家法律法规的规定。在经济发展的过程中，各国都制定了相应的法律法规，对财富私有化的范围、方式和程序进行了明确的规定。这些法律法规旨在保障公民的财产权益，促进经济稳定增长。家族企业在进行财富私有化的过程中，必须遵守相关法律法规，不得采取违法手段获取财富，更不得利用私有财富损害社会公共利益。

4.1 什么是财富私有化

财富是指个人或组织所拥有的资产和资源的总和，包括现金、房地产、股票、债券、知识产权等有形和无形资产。而财富私有化则是指这些资产和资源由个人或私人组织所持有、管理和控制的行为及过程。

财富私有化是一个复杂的经济现象，在社会财富积累和分配中扮演着至关重要的角色。它赋予个人和企业更多的自主权和创造力，是经济发展和繁荣的重要推动力。

首先，财富私有化是市场经济发展的必然产物。在市场经济中,作为开展经济活动的重要主体,个人和企业自主经营、自负盈亏。这种机制使得他们可以根据市场需求和自身条件,灵活调整生产和经营策略,以追求最大的经济利益。随着市场经济的深入发展,财富私有化逐渐成为主导的经济模式,为经济的快速增长提供了有力保障。

其次,财富私有化是社会财富积累和分配的重要机制。在财富私有化的过程中,个人和企业通过自身的努力和智慧,创造出更多的财富。这些财富不仅为他们自身带来了收益和回报,也为整个社会的财富积累作出了贡献。同时,财富私有化还有助于实现社会财富的公平分配。在私有化的市场中,每个人都有机会通过自身的努力获得财富,从而实现社会资源的优化配置和公平分配。

最后,财富私有化还有助于激发市场的活力和创造力。在私有化的市场中,个人和企业为了追求更大的经济利益,会不断尝试新的技术、新的产品、新的经营模式,从而推动整个市场的创新和进步。这不仅有利于企业自身的发展,也为整个社会的经济发展注入了新的活力。

然而,财富私有化也可能带来一系列的社会问题。一方面,过度的财富私有化可能导致贫富差距加剧。在私有化的经济体制下,资源分配往往倾向于那些拥有更多财富和权力的人。这使得社会中的弱势群体难以公平地获得资源和机会,进而加剧了社会不平等现象。

另一方面,财富私有化还可能影响社会的稳定和安全。当财富过度集中于少数人手中时,可能会引发其他群体的不满和社会动荡，甚至可能导致社会矛盾激化。

以房地产市场为例，财富私有化的深入推进给该领域带来了显著的变化。随着政策的逐步放宽和市场机制的日益完善，越来越多的个人和企业投身于房地产领域，希望通过购买房产来实现资产的增值和保值。这一趋势不仅推动了房地产市场的繁荣和发展，也带动了相关产业链的壮大，为经济增长注入了新的动力。

然而，在推动房地产市场发展的同时，财富私有化也引发了一些问题。其中最为突出的就是房价不断上涨和房地产泡沫的产生。个人和企业对房地产的投资热情高涨，市场需求远超过供应，导致房价持续攀升。这不仅加大了普通民众购房的难度，也加大了经济的系统性风险。一旦市场出现波动或政策调整，房地产泡沫可能会破裂，给整个经济体系带来严重的冲击。

为应对这些问题，相关部门需要加强监管和调控。一方面，相关部门可以通过出台相关政策来限制房地产市场的过度热炒和投机行为，避免市场过度繁荣和泡沫化。另一方面，相关部门可以通过加强土地供应、优化税收政策等手段来平衡市场供需关系，稳定房价水平。

财富私有化有助于推动经济发展和繁荣，但也会带来一系列社会问题。因此，在实施财富私有化时，企业和个人需要全面考虑其利弊得失，并采取有效的措施来减小其可能带来的负面影响。同时，相关部门也需要加强监管和调控，确保财富私有化能够在公平、公正和可持续的基础上进行。

4.2 企业如何进行资产剥离

在运营过程中,为优化资源配置、提升核心竞争力或应对市场变化,家族企业可能需要进行资产剥离。资产剥离是指家族企业将那些不符合自身战略发展方向或无法带来收益的资产或业务进行剥离。这一行为旨在通过优化资源配置、提升核心竞争力,推动家族企业实现战略转型和可持续发展。

那么,家族企业应该如何进行资产剥离呢?其步骤如图4-1所示。

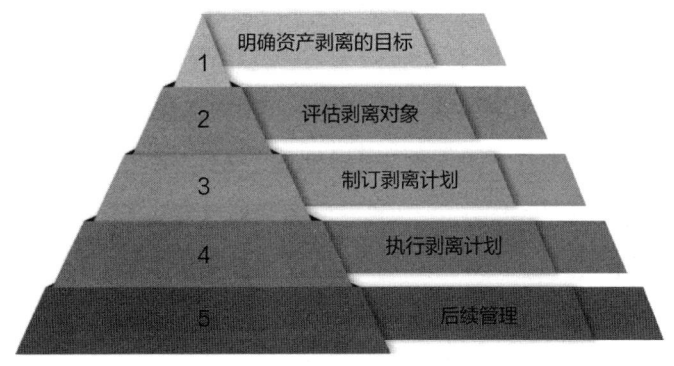

图4-1 家族企业进行资产剥离的步骤

1. 明确资产剥离的目标

明确资产剥离的目标至关重要。在进行资产剥离前,家族企业应充分分析自身的战略定位、市场环境和竞争态势,明确剥离资产的目标。一般来说,资产剥离的目标可能是优化资源配置、提升核心竞争力、降低经营风险等。通过明确目标,家族企业可以更有针对性地制订剥离计划,以确保剥离工作顺利进行。

2. 评估剥离对象

家族企业需要对拟剥离的资产进行全面评估,包括资产的价值、盈利能力、市场前景等。通过评估,家族企业可以了解剥离对象的实际情况,为制订剥离计划提供依据。同时,家族企业还需要考虑剥离对象与其他资产之间的关联性和影响,以确保剥离工作不会对企业的整体运营产生负面影响。

3. 制订剥离计划

剥离计划应详细列出剥离的时间表、步骤、责任人等,以确保剥离工作有序进行。在制订剥离计划时,家族企业还需要充分考虑剥离过程中的风险和挑战,并确定相应的应对措施。此外,剥离计划还需要与家族企业的整体战略保持一致,确保能够为企业带来长期利益。

4. 执行剥离计划

执行剥离计划是资产剥离的核心环节。在这一阶段,家族企业需要按照剥离计划逐步实施剥离工作,包括与相关方进行谈判、签订协议、办理资产过户手续等。在执行过程中,家族企业需要保持高度的敏感性和灵活性,及时应对可能出现的问题和变化。同时,家族企业还需要加强内部沟通和协调,以确保剥离工作顺利进行。

5. 后续管理

在剥离完成后,家族企业需要对剥离后的资产进行妥善管理,确保其能够带来预期的效益。此外,家族企业还需要对剥离工作进行总结和反思,分析剥离过程中的经验和教训,为今后的战略决策提供参考。

然而，资产剥离并非一帆风顺，其过程中存在着诸多风险和挑战。

首先，剥离过程往往涉及一系列复杂的法律问题和监管要求，家族企业需要对此进行深入研究并谨慎处理，以免陷入法律纠纷或违反相关法规。在这方面，家族企业可以聘请专业的法律顾问和财务顾问，以确保剥离操作的合法性和合规性。

其次，剥离后的资产和业务可能会面临新的市场竞争和挑战。在剥离过程中，家族企业需要充分考虑市场需求和竞争格局，以确保剥离后的资产和业务具有竞争力。同时，家族企业还需要积极寻找合适的买家，以确保剥离的资产和业务能够顺利转让。在寻找买家的过程中，家族企业可能需要与多位潜在买家进行谈判和协商，以达成最有利的交易条件。

最后，资产剥离过程还可能对员工和客户产生一定的影响。员工可能会因为资产剥离而面临岗位调整或裁员的风险，而客户可能会因为业务变动而需要重新适应新的供应商或服务提供者。

综上所述，资产剥离是家族企业优化资源配置、提升核心竞争力的重要手段。在实施过程中，家族企业需要充分评估自身的资产和业务结构，制订详细的剥离计划，并妥善处理剥离后的资产和业务。同时，家族企业还需要关注剥离过程中的风险和挑战，以确保剥离工作顺利实施。

4.3 财富私有化的底层支撑

财富私有化的实质是个体或组织通过合法手段获取并掌控一定的财富资源,进而最大化地获取经济利益。财富私有化的实现,离不开以下支撑因素,如图4-2所示。

图4-2 财富私有化的支撑因素

首先,财富私有化的实现离不开市场机制的完善。

完善的市场机制能够为财富的创造和分配提供有效支撑,促进资源的合理配置和经济的高效运行。

(1)竞争机制是市场机制的核心。在竞争激烈的市场环境中,企业和个人为了获取财富,必须不断提高自身的生产效率和创新能力。竞争促使生产者降低成本、提高质量、推出新产品和新服务,从而满足消费者的需求。这不仅推动了经济的发展,也为财富的创造提供了动力。同时,竞争也使得资源向最有效率的生产者和经营者流动,实现了资源的优化配置。

(2)价格机制在财富私有化中也起着关键作用。价格是市场供求关系的反映，根据价格的波动，市场能够调节生产和消费。在市场经济中，价格机制使得财富的分配更加合理。生产者根据市场价格决定生产什么、生产多少，消费者根据价格选择购买什么、购买多少。价格机制的作用使得财富能够在不同的生产者和消费者之间进行分配，实现了财富的私有化。

市场机制还包括供求机制、风险机制等。供求机制通过调节市场上商品和服务的供给和需求，影响价格和产量，从而影响财富的创造和分配。风险机制使企业和个人在追求财富的过程中承担一定的风险，同时也为他们提供了获取更高回报的机会。

在市场经济条件下，个体和组织可以通过劳动、创新、投资等多种方式创造财富。相关部门应加强市场监管，保障市场的公平竞争，为财富创造和积累提供良好的环境。同时，相关部门还应关注市场机制的优化，通过改革税收制度、完善产权保护等措施，激发市场主体创造财富的积极性。

其次，财富私有化的实现需要相关制度的保障。

（1）产权制度。产权是指财产的所有权、使用权、收益权和处置权等权利的总和。明确的产权制度能够保护财产所有者的合法权益，激励他们进行投资和创新。在产权制度的保护下，财产所有者可以放心地将自己的财产投入生产和经营活动中，获取相应的收益。同时，产权制度也为财产的转让和交易提供了法律依据，促进了资源的流动和优化配置。

（2）合同制度。合同是当事人之间设立、变更、终止民事权利义务关系的协议。在市场经济中，合同制度为企业和个人之间的经济交往提供了法律保障。通过签订合同，当事人可以明确各自的权利和义务，规范经济行为，降低交易风险。合同制度的存在使得财富的创造和分配更加有序和稳定。

（3）税收制度。税收制度通过对财富的征收和调节，实现国家的财政收入和经济调控目标。合理的税收制度能够鼓励企业和个人进行生产和投资，促进经济的发展。

（4）金融制度。金融制度则为财富的创造和流动提供了资金支持和金融服务。健全的金融制度能够提高资金的使用效率，促进财富的增值和私有化。

在财富私有化的过程中，相关制度应当发挥其规范作用，确保个体和组织在获取和掌控财富时遵循规定，防止权力滥用和腐败现象的出现。此外，制度还应为财富的继承、转让等提供明确的依据，以保障私有财富的安全与稳定。

最后，财富私有化的实现还需要社会文化的支持。

社会文化是社会的精神支柱，对财富私有化的实现具有重要意义。具体而言，积极向上的社会文化环境能够为财富的创造和私有化提供良好的氛围。

（1）创业文化。创业文化鼓励人们勇于创新、敢于冒险，追求财富和成功。在创业文化的影响下，人们更加积极地投身于创业活动，通过创办企业和产品创新来实现财富创造和私有化。创业文化还能够激发人们的创造力和创新精神，推动经济的发展和社会的进步。

（2）诚信文化。诚信是市场经济的基石，只有在诚信的基础上，企业和个人之间的经济交往才能够顺利进行。诚信文化能够促使企业和个人遵守法律法规，履行合同义务，树立良好的商业信誉。在诚信的文化氛围中，财富的创造和分配更加公平、公正，财富私有化也更加稳定和可持续。

（3）教育文化。教育文化能够培养人们的知识和技能，提高人们的综合素质，为财富的创造和私有化提供人才支持。

（4）消费文化。消费文化则影响着人们的消费观念和消费行为，合理的消费文化能够促进经济增长和财富流动。

财富私有化是市场经济体制下的自然产物。在自由市场经济中，个体和组织通过市场竞争、创新发明、提供优质服务等手段，获得财富积累的机会。这种积累不仅是个体能力的体现，也是社会经济发展的驱动力。通过财富私有化，个体和组织得以在市场中立足，实现自身的经济利益，同时为社会创造更多的就业机会。

财富私有化的实现涉及市场机制、制度保障、社会文化等多个方面。相关部门和社会各界应当共同努力，为财富私有化的实现创造良好的环境和条件。同时，个体和组织也应当积极发挥自身的主观能动性，通过合法手段获取和掌控财富，实现自己的经济目标。只有这样，才能构建一个更加繁荣、和谐的社会经济体系。

4.4 企业上市，财富落袋为安

对许多企业家和投资者而言，企业上市是一个他们梦寐以求的目标。上市不仅象征着企业的规模和实力得到了市场的广泛认可，更代表着企业的财富和价值得到了有效的释放和转化。

首先,上市有助于提升企业的知名度和品牌影响力。上市的过程并非一蹴而就,它需要企业经历严格的审查与监管,这本身就是一种对企业实力和信誉的肯定。在上市之前,企业需要充分展示自身的经营能力、财务状况和发展前景,以赢得监管机构的信任和市场的认可。

一旦成功上市,企业的名称和股票代码将于证券交易所公开,有助于企业树立良好的形象和口碑。上市企业的信息公开透明,投资者和公众可以充分了解企业的运营情况和未来发展前景,从而增强了企业的信誉度和公信力。此外,上市企业的相关信息和动态会受到市场的广泛关注,这种关注不仅体现在股价的波动上,更体现在企业形象塑造和品牌价值提升上。

其次,上市能够为企业带来更多的融资渠道和资金支持。在上市之前,企业的融资方式可能相对有限,主要依赖银行贷款、风险投资等。上市后,企业可以通过发行股票,吸引广大的散户投资者和机构投资者参与,从而筹集到大量的资金。这些资金可以用于企业的研发、生产、市场推广等方面,为企业的快速发展提供有力的保障。

资本市场上有众多的投资者,企业可以通过发行债券等方式进行融资。与银行贷款相比,发行债券的利率通常较低,有助于降低企业的融资成本。此外,上市企业的信用评级往往较高,这也为企业进行低成本融资提供了有利条件。

再次,上市企业的员工福利待遇通常更加优厚,企业上市有利于激发员工的积极性和凝聚力。随着企业成功上市,企业的财务状况得到改善,盈利能力得到显著提升,能够为员工提供更高的薪资水平、更完善的社保福利及更多的奖金和分红。这些实实在在的利益,无疑会激发员工的工作热情和积极性,使他们更加投入地工作。

上市也为企业员工提供了更广阔的职业发展空间。上市企业的知名度和影响力大幅提升,能够吸引更多的优秀人才加入企业。同时,随着企业规模的扩大和业务范围的拓展,企业内部涌现出更多的晋升机会和岗位。员工可以充分释放自己的才能和潜力,实现职业梦想。

最后,上市还有助于提高企业的治理和规范化运营水平。想要成功上市,企业就要达到严格的法律法规和监管要求。这促使企业必须在各方面进行自查和整改,以符合上市标准。在这个过程中,企业会建立更为规范的内部控制体系,明确各项业务的操作流程和责任人,有效防范和减少内部风险。

上市企业需要建立健全董事会、监事会和高级管理层等组织架构,明确各方的职责和权力,形成有效的制衡机制。同时,上市企业还需要加强信息披露和投资者关系管理,与股东、投资者和社会公众保持良好的沟通和互动。

上市企业的财务信息公开透明,有助于提升企业的信誉和形象。公开透明的财务信息不仅能够增强投资者对企业的信任,也有助于企业在资本市场中获得更高的认可度和融资能力。同时,这也促使企业更加注重财务管理和内部控制,提高经济效益和运营效率。

然而，企业上市并非一劳永逸的财富盛宴。在上市过程中，企业需要付出大量的时间和精力来应对各种复杂的程序和规定。同时，上市也意味着企业需要承担更多的社会责任和公众期待，这对企业的经营管理提出了更高的要求。因此，企业在考虑上市时，需要权衡利弊，充分评估自身的实力和条件。

总之，企业上市不仅意味着财富落袋为安，更代表着企业实力的提升、融资渠道的拓展、员工积极性的激发及治理水平的提高。当然，上市并非易事，需要企业付出艰辛的努力、承担更多的责任。但只要企业能够充分发挥上市带来的优势，积极把握机遇，应对挑战，就能在激烈的市场竞争中脱颖而出，实现更加辉煌的发展。

4.5 个税，难走的必经之路

个税是指个人因取得收入而需要向国家缴纳的税款。收入可能来自工资、稿酬、经营所得等多个方面。对许多普通劳动者而言，个税的计算和缴纳很复杂、烦琐，其中涉及税率、起征点、扣除项目等多个因素，需要仔细核算才能得出准确的应纳税额。

准确计算应纳税额是个税缴纳过程中的一项重要任务。这需要劳动者了解税法的相关规定，包括税率、起征点、应纳税所得额等基本概念。同时，劳动者还需要掌握正确的计算方法，以了解如何计算应纳税所得额。这不仅要求劳动者具备基本的数学计算能力，还需要其对税法有深入的理解和把握。

合理利用各种扣除政策是降低税负的关键。税法规定了多种扣除项目，如子女教育、赡养老人、住房贷款利息等，劳动者可以根据自身情况选择相应的扣除项目。然而，这也需要劳动者对税法有深入的了解，以便能够准确判断哪些扣除项目适用于自己，以及如何正确申报和享受这些扣除政策。

随着税法不断更新和完善，劳动者也需要不断更新自己的知识储备。税法的变化可能涉及税率调整、扣除项目变化等多个方面，劳动者需要密切关注税法的最新动态，以便及时调整自己的税务筹划策略。同时，劳动者还可以通过各种途径获取税务知识，如参加税务培训、咨询税务专家等，以提升自己的税务素养和税收风险应对能力。

为了帮助劳动者更好地理解和应对个税问题，相关部门和社会各界正积极采取一系列措施，确保税收制度更加公平、合理，从而减轻劳动者的税收负担，提高税收制度的可持续性和社会的整体福祉。

在制定个税政策时，相关部门充分考虑劳动者的实际情况和负担能力。通过深入研究社会经济形势和劳动者收入状况，相关部门制定了一系列科学的个税政策。这些政策不仅注重减轻中低收入群体的税收负担，还调整了高收入人群的税率，以确保税收制度的公平性和合理性。此外，相关部门还通过优化税收结构，加大税收监管和执法力度，以确保税收制度的有效实施。

相关部门还注重发挥税收制度的调节作用，通过实施差别化税率、税收减免等优惠政策,鼓励劳动者积极投身创新创业领域,推动经济的转型升级和高质量发展。同时,相关部门还通过税收手段调节收入分配,促进社会公平和共同富裕。

除相关部门的努力外,社会各界也积极参与个税宣传和教育活动。各类媒体纷纷开设税收专栏普及税收知识,以增强劳动者的税收意识。同时,各类社会组织、企业和学校也积极开展税收教育活动,通过举办讲座、培训班等形式,帮助劳动者了解税收制度、税收申报和缴纳流程。

尽管有了这些努力,个税问题仍是一个需要长期关注和努力解决的难题。劳动者需要加强学习和实践,还需要对税法保持敬畏之心,遵守税收的规定,维护税收秩序。

4.6 新个人所得税法对高净值人士的影响

在全球经济日益一体化的今天,税务透明化已成为各国的共同追求。在这样的背景下,作为世界经济格局中的重要一员,我国积极拥抱变革,不断推进税务制度完善。

2018年8月31日,《全国人民代表大会常务委员会关于修改〈中华人民共和国个人所得税法〉的决定》正式通过,于2019年1月1日起正式施行。这标志着我国税务制度的又一次重大改革,为我国税务透明化进程注入了新的动力。

新修订的个人所得税法不仅调整了税率结构,还增加了专项附加扣除等优惠政策,旨在更好地减轻纳税人的负担,提高税收的公平性。同时，新个人所得税法还加大了对税收违法行为的打击力度，逃避税务监管、偷税漏税等行为将受到严厉处罚。

高净值人士通常拥有较高的收入和复杂的资产配置，新个人所得税法的出台对他们产生了深远的影响。

首先，新个人所得税法调整了税收征收方式，将原有的分类征税模式转变为综合与分类相结合的模式。这一变革对高净值人士的税务筹划和税负水平产生了直接的影响。在新的税收制度下，高净值人士的应税项目有所减少，但税收征收方式的变化使得他们的税负水平有所上升。特别是对那些收入来源多元化的高净值人士而言，他们不能再像以前那样通过多公司发放工资分类缴税实现合理避税。相反，他们需要根据综合所得的累进税率进行缴税，这无疑增加了他们的税务负担。

其次，新个人所得税法加强了对高净值人士的税务监管力度。税务机关与金融机构及各税务机关之间加强了信息共享和协作，提高了对高净值人士税收征管的效率和准确性。同时，新个人所得税法还规定了对高净值人士进行特别纳税调整的条款，旨在防止他们通过不合理的税务筹划手段逃避纳税。这一系列措施使得高净值人士在税务方面需要更加谨慎和合规，以免被税务机关认定为偷税漏税。

最后，新个人所得税法还鼓励高净值人士进行公益慈善捐赠。新个人所得税法规定符合条件的公益慈善捐赠可以在一定范围内抵扣应纳税所得额。这一政策既鼓励高净值人士积极参与社会公益事业，又为他们提供了一种合法的税务筹划手段。通过捐赠，高净值人士不仅可以为社会作出贡献，还可以在一定程度上减轻自己的税务负担。

从税收征收方式的变革到税务监管力度的加强，再到对公益慈善捐赠的鼓励，新个人所得税法在多个方面对高净值人士的税务问题进行了全面的规范和调整。面对这一变革，高净值人士需要更加关注税务合规问题，合理规划税务策略，以应对日益复杂的税务挑战。

值得一提的是，随着全球化的深入发展，高净值人士的财富分布和收入来源呈现跨区域和国际化的特点。这使得他们在税务方面面临着更加复杂和多样化的挑战。因此，高净值人士需要更加深入地了解国内外的税务法规和政策，以便更好地规划自己的税务策略。

同时，税务机关也需要进一步加强与高净值人士的沟通和合作，提供更加专业和高效的税务服务。加强信息共享和协作，提高税务征管的效率和准确性，有助于减少高净值人士面临的税务风险，促进税收的公平和合理征收。

面对新个人所得税法带来的变革，高净值人士需要积极适应新的税务环境，合理规划自己的税务策略，以实现税务合规和财富增值的双重目标。

4.7　会德丰：私有化成功，船王家族"上岸"

在航运事业如日中天、风光无限的年代，一位卓越的船王——

包玉刚，凭借其敏锐的洞察力和深厚的商业智慧，预见了航运行业即将面临的危机。他深知，在这个充满变数的商海中，唯有适时调整航向，才能确保船队稳健前行。

因此，他果断决定利用多年来积累的经验与人脉，从航运"登岸"套现并寻求转型。在这一过程中，包玉刚与会德丰公司进行了第一次接触。那时，会德丰是香港知名的综合性企业集团，主营贸易、物业租赁、油轮等业务。

包玉刚凭借其前瞻性的商业眼光和强大的魄力，大量出售手中的船只。在业内颇有影响力的会德丰看到了这一难得的机遇，积极购入大量船只。然而，由于市场环境的变化和判断失误，会德丰亏损严重，陷入求售清盘的困境。在这样的情况下，会德丰的两大股东张玉良和马登家族都想退股离场。

在马登家族将股权转让给新加坡富商邱德拔后，马玉良将会德丰的股权转让给包玉刚，并要求包玉刚完全掌控会德丰，以避免其被对手反收购。包玉刚和邱德拔展开博弈，最终，包玉刚获胜，掌控了会德丰。会德丰也因此成功实现私有化。

私有化成功后，会德丰进入新的发展阶段。船王家族着手进行了一系列的改革和创新，以提升公司的竞争力和市场份额。他们加大了对航运业务的投入，引进先进的船舶技术和管理经验，提高了运营效率和服务质量。同时，他们还积极拓展新的业务领域，寻求更多的发展机遇。这些举措使得会德丰在航运市场上重新焕发出勃勃生机。

私有化成功也为船王家族带来了丰厚的回报。他们通过私有化实现了对会德丰的绝对控股,掌握了更多的经营决策权。这使得他们能够更加灵活地运用公司的资源,实现自身利益的最大化。同时,私有化也提升了会德丰的市值,为船王家族带来了丰厚的财富。

值得一提的是,会德丰私有化成功并非偶然。这背后离不开我国经济的快速发展和全球化进程的推进。随着我国经济崛起,航运业作为连接国内外市场的重要纽带,也迎来了前所未有的发展机遇。会德丰抓住了这一历史机遇,通过私有化实现了跨越式发展。

会德丰私有化成功为其他企业提供了有益的借鉴和启示:在激烈的市场竞争中,企业要想保持领先地位,就必须不断创新、勇于改革。同时,企业还需要具备敏锐的市场洞察力和灵活的决策能力,以便在关键时刻作出正确的选择。

第 5 章

资产配置:将资产放进"篮子"

在投资理财领域,资产配置是一项至关重要的策略。简而言之,资产配置就是将资产分配到不同的"篮子"(投资标的)中,形成一个多元化的投资组合。这种策略的核心目的是通过分散投资来降低整体投资风险,提高投资组合的稳定性和回报率。

5.1 与资产配置相关的 5 个重要概念

为了更好地理解和实践资产配置,投资者需要了解一些与之相关的重要概念,如图 5-1 所示。

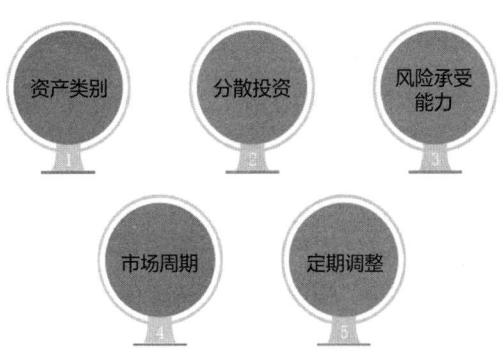

图 5-1 与资产配置相关的 5 个重要概念

第 5 章 资产配置：将资产放进"篮子"

1. 资产类别

资产类别指的是依据资产的特征、用途、经济属性及在企业运作中的职能，将资产细分为不同的种类或集合。

常见的资产类别包括股票、债券、现金及现金等价物、房地产和大宗商品等。这些资产类别在市场上的表现各不相同，通过合理配置这些资产，投资者可以降低整体投资组合的风险，提高收益稳定性。

2. 分散投资

分散投资是资产配置的重要原则之一，它强调将资金分散投资于不同的资产类别、行业和地区。通过分散投资，投资者可以降低单一资产或行业带来的风险，提高整体投资组合的稳健性。例如，一个投资组合中同时包含股票、债券和房地产等多种资产类别，即使某个资产类别的市场表现不佳，其他资产类别表现良好也可能弥补损失。

3. 风险承受能力

风险承受能力是指投资者在面对投资波动和潜在损失时的心理承受能力和财务能力。不同的投资者具有不同的风险承受能力，因此，在进行资产配置时，投资者需要根据自己的风险承受能力来选择合适的资产组合。

例如，风险承受能力较低的投资者可能更倾向于选择风险较小的资产，如债券、现金等；而风险承受能力较高的投资者则可能更愿意投资风险较高但潜在收益更大的资产，如股票、房地产等。

4. 市场周期

市场周期是指资产价格在市场供求关系影响下呈现出的周期性波动。不同的资产类别在市场周期中的表现各不相同，因此，了解市场周期对制定有效的资产配置策略至关重要。投资者可以通过分析历史数据和市场趋势，预测未来市场周期的走向，并据此调整资产配置，以获取更多投资回报。

5. 定期调整

资产配置并不是一劳永逸的，随着市场环境和投资者个人情况的变化，投资者需要定期对资产配置进行调整。定期调整可以使投资者及时应对市场变化，保持投资组合的适应性和竞争力。

例如，当某个资产类别的市场表现持续不佳时，投资者可以考虑减少对该资产的投资比例，增加对其他表现较好的资产的投资。随着年龄的增长和风险承受能力的变化，投资者也需要对资产配置进行相应的调整。

总之，掌握与资产配置相关的这 5 个重要概念，有助于投资者更好地制定和实践资产配置策略。通过合理配置资产、分散投资风险、根据风险承受能力选择投资品种、关注市场周期变化及定期调整资产配置，投资者可以在实现风险和收益平衡的同时，提高投资的稳健性和可持续性。

5.2　资产配置究竟有什么作用

作为一种投资策略，资产配置的重要性不言而喻。对投资者而言，了解资产配置的作用（见图 5-2），掌握相关技巧和原则，对实现财富保值增值具有重要的意义。

作用一
降低投资风险
作用二
实现长期稳定的投资回报
作用三
满足投资者的个性化需求
作用四
优化投资组合的收益
作用五
应对市场波动

图 5-2　资产配置的 5 个作用

1. 降低投资风险

投资者通过将资金分散投资于不同的资产类别，如股票、债券、现金、商品等，可以有效地分散单一资产带来的风险。当某一资产类别表现不佳时，其他资产类别的表现可能相对较好，从而抵消部分损失，降低投资风险。

例如，股票在经济繁荣时表现出色，但在经济衰退时则可能大幅下跌。而债券通常在经济不稳定时相对稳定，能够提供一定的收益保障。投资者通过将部分资金投资于债券，可以在股票下跌时起到缓冲作用，降低整体投资组合的风险。

2. 实现长期稳定的投资回报

不同的资产类别具有不同的收益和风险特性，例如，股票价格波动较大，但从长期来看，具有较高的回报；债券则相对较为稳定，能提供固定的利息收入；房地产作为一种实物资产，具有保值增值的特点；大宗商品则受全球经济和供求关系的影响，价格波动较大，但在特定时期也能带来可观的收益。

投资者通过合理配置各类资产，可以构建一个多元化的投资组合，以适应不同的市场环境和经济周期。这种多元化的投资组合能够在市场波动时保持相对稳定的表现，为投资者提供长期稳定的投资回报。

3. 满足投资者的个性化需求

不同的投资者有不同的风险承受能力和收益目标，通过调整资产配置的比例和组合，投资者可以实现个性化投资。风险承受能力较弱的投资者，可以将较大比例的资金配置于债券、货币基金等较为稳定的资产，以确保资金的安全性。而风险承受能力较强、追求高回报的投资者，可以增加股票等高风险资产的配置比例。

投资者的投资期限也会影响资产配置的选择。长期投资者可以更多地配置股票等具有较高潜在回报的资产，因为他们有足够的时间来平滑市场波动。而短期投资者则可能更倾向于配置流动性较好、风险较低的资产，以满足短期的收益需求。

此外，投资者的特定投资偏好也会影响资产配置，如对特定行业、地区或资产类别的偏好。通过个性化的资产配置，投资者可以更好地实现自己的投资目标，满足自己的特定需求。

4. 优化投资组合的收益

资产配置允许投资者根据自己的风险承受能力和投资目标，在风险与收益之间找到最佳平衡点。通过调整不同资产类别的配置比例，投资者可以控制投资组合的整体风险水平，并追求与自身风险承受能力相匹配的收益水平。这种平衡有助于投资者实现长期财富增值。

此外，不同资产类别之间的相关性对投资组合的收益和风险也有重要影响。通过合理配置相关性较低的资产，投资者可以降低投资组合的整体风险，同时提高收益潜力。现代投资组合理论认为，通过组合投资收益相关性较低的资产，可以在一定风险水平下实现收益最大化。例如，股票和债券之间的相关性通常较低，因此将二者结合配置可以在一定程度上降低风险并提高收益。

资产配置还可以通过动态调整资产组合的比例来适应市场变化。当市场环境发生变化时，不同资产类别的表现也会随之改变。投资者可以根据市场趋势和自己的判断，适时调整资产组合中各类资产的比例，以优化投资组合的收益。

例如，在股票上涨趋势明显时，可以适当增加股票资产的配置比例；而在股票下跌或不稳定时，可以减少股票资产的比例，增加债券等相对稳定的资产配置。

5. 应对市场波动

市场波动是投资过程中难以避免的现象，但合理的资产配置可以使投资组合更加稳健。当市场出现大幅波动时，多元化的资产配置可以减少损失。不同资产类别的价格波动往往不同步，有些资产可能上涨，有些资产可能下跌。通过资产配置，投资者可以在市场波动中实现相对稳定的投资收益。

例如，当股市下跌时，债券等固定收益类资产往往能够提供稳定的收益，从而有助于减少投资组合的整体损失；当通货膨胀压力上升时，黄金等实物资产可以作为对冲通货膨胀的工具，保护投资者的财富不受损失。

在实践中，资产配置需要投资者具备一定的投资知识和经验，以及敏锐的市场洞察力。同时，投资者还需要结合宏观经济形势、市场走势和个人财务状况等因素进行综合考虑。因此，投资者在进行资产配置时，可以寻求财务顾问师或专业机构的帮助，以确保方案的合理性和有效性。

总而言之，资产配置是投资过程中的一个重要环节。通过合理配置各类资产，投资者可以降低投资风险、获得长期稳定的投资回报。因此，投资者应充分重视资产配置的重要性，并在实践中不断学习和完善相关知识和技能。

5.3 结构设计：为家族的资产分类

在现代社会中，随着家族财富的积累和传承，对家族资产进行全面的梳理和分类显得尤为重要。这不仅有助于家族成员更好地了解家族财富的结构和状况，还能为未来的财富规划和管理提供有力的支持。

家族资产往往具有多样性和复杂性，包括流动资产、固定资产、无形资产等。通过给家族资产分类，家族可以明确不同资产的性质、风险和收益特征，从而设计科学合理的资产结构。

流动资产是家族财富中最为活跃的部分，具有较高的流动性和灵活性,主要包括现金、银行存款、股票、债券等易于变现的资产。流动资产能够在需要时迅速转化为现金,助力家族企业应对突发情况或抓住投资机会。同时,流动资产配置是家族财富保值增值的重要手段,有助于实现资产的稳健增长。

除了流动资产,固定资产也是家族财富的重要组成部分。固定资产主要包括房地产、机器设备、交通工具等长期持有的资产。这些资产通常具有较大的价值,是家族财富的重要基石。通过持有固定资产,家族可以获得稳定的增值收益,有更强大的能力抵御经济波动的风险。此外,固定资产还能为家族提供稳定的经济来源,如房地产、机器设备的租金收入等。

家族成员还应关注无形资产。无形资产虽然不像流动资产和固定资产那样具有物质实体,但具有巨大的经济价值。无形资产主要包括专利、商标、版权等知识产权,以及家族声誉、品牌形象等。无形资产虽然不易直接变现,但能为家族带来长期的竞争优势和收益。例如,拥有专利技术的家族可以在市场上占据领先地位,获得更高的利润;而拥有良好的品牌形象和声誉的家族,能够吸引更多的合作伙伴和客户,推动家族事业的发展。

家族声誉、家族文化、家族传统等无形资产虽然无法直接量化,但对家族的长期发展具有重要意义。

家族声誉是家族在社会上的形象和地位,能够提升家族的凝聚力和影响力。家族文化则是家族成员共同遵循的价值观和行为规范,能够塑造家族成员的性格和品质。家族传统则是家族历史的传承和延续,能够激发家族成员的归属感和自豪感。

在家族财富管理的过程中，资产结构设计不仅关系到家族财富的保值增值，更关系到家族的传承和发展。因此，家族成员需要高度重视这一环节，通过科学、合理的资产配置，为家族财富的稳健传承提供有力保障。

5.4 特殊资产与家族涉入

在探讨家族企业的运营与发展时，家族特殊资产与家族涉入是两个不可忽视的因素。家族特殊资产作为家族企业独特的资源优势，为企业的成长提供了坚实的基础；而家族涉入则体现了家族成员在企业运营中的参与程度，对家族企业的决策、文化和管理模式都产生了深远的影响。

家族特殊资产指的是家族企业在长期发展过程中积累的独特资源，包括家族声誉、社会关系网络、企业文化及家族传承的经营理念等。特殊资产不仅有助于家族企业在市场竞争中脱颖而出，还能够为企业带来稳定的客户群体和合作伙伴，从而增强企业的抗风险能力。

以家族声誉为例，良好的家族声誉使家族企业更容易赢得客户的信任和支持。客户的信任和支持不仅体现在日常业务往来中，还能在关键时刻为家族企业提供有力的支持。例如，面临危机时，拥有良好家族声誉的家族企业往往能够得到社会各界的关心和帮助，从而顺利渡过难关。

此外，家族企业的社会关系网络也是其特殊资产的重要组成部分。借助家族成员建立的广泛人脉网络,家族企业能够获取更多的商业信息和资源,从而在市场竞争中占据有利地位。社会关系网络还能够为家族企业带来更多的合作机会和业务拓展空间,推动企业持续发展。

家族涉入则是家族企业的另一个显著特征。家族涉入是指家族成员积极参与到企业的经营管理中,通过投入人力资本、文化资本、社会资本、金融资本等多种资源,对企业的各方面产生深远影响。

这种涉入行为不仅体现在家族成员对企业所有权和控制权的把控上,更体现在他们对企业文化、经营理念及发展战略的塑造和推动上。

家族涉入有助于强化家族成员之间的凝聚力和信任感,使得企业在面对挑战时能够迅速作出决策并有效执行。同时,家族涉入也有助于保持企业的稳定性和连续性,因为家族成员通常更加注重企业的长远发展而非短期利益。

家族涉入也可能带来一些潜在的风险和挑战。例如,家族成员之间的利益冲突、权力斗争及过度依赖家族成员导致企业管理层缺乏专业性和创新性等问题都可能对企业的稳定和发展造成不利影响。因此,在家族涉入的过程中,企业需要建立起一套完善的治理机制和规范,以确保家族成员的涉入行为符合企业的整体利益和发展战略。

家族特殊资产与家族涉入是家族企业运营与发展中不可忽视的因素。通过深入挖掘和利用家族特殊资产、合理调整家族涉入程度，家族企业能够在市场竞争中保持优势地位并实现持续发展。

5.5 如何实现资产系统化管理

在现代社会，随着经济的迅猛发展和家族财富的逐步积累，家族资产管理已成为一项复杂且至关重要的任务。实现家族资产的系统化管理，不仅关乎家族财富的保值增值，更直接影响到家族的长远发展和传承。资产系统化管理的方法如图5-3所示。

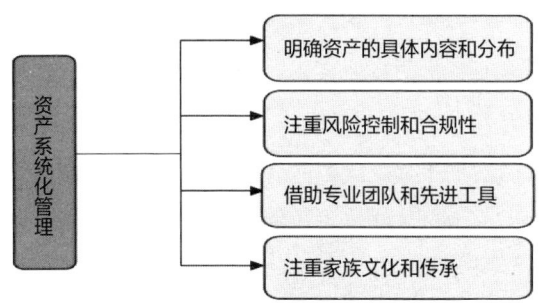

图5-3 资产系统化管理的方法

首先，家族资产系统化管理需要明确资产的具体内容和分布。家族资产不仅包括现金、股票、房地产等有形资产，还包括知识产权、商誉等无形资产。在资产管理中，家族需要对各类资产进行全面梳理和评估，了解资产规模、结构、质量及风险状况。同时，家族还需要根据自身的发展战略和目标，制定相应的资产配置策略，以实现资产的优化组合和收益最大化。

其次，家族资产系统化管理需要注重风险控制和合规性。在投资过程中，家族资产面临着市场风险、信用风险、操作风险等多种风险。因此，需要建立完善的风险管理体系，通过风险识别、评估、监控和应对，降低投资风险，保障资产安全。此外，还需要遵守国家法律法规和监管要求，确保家族资产管理的合规性。

再次，家族资产系统化管理需要借助专业团队和先进工具。家族资产管理涉及多个领域，需要专业的知识和经验。因此，家族可以聘请专业的资产管理机构或团队，获取全方位的资产管理服务。同时，家族还可以利用现代化信息技术手段，如大数据、人工智能等，提高资产管理的效率和精度。

最后，家族资产系统化管理还需要注重家族文化和传承。家族资产不仅是经济财富，更是家族文化和精神的传承。在资产管理中，家族需要注重价值观和文化的传承，培养家族成员的责任感和使命感。同时，家族还需要制订合理的治理结构和传承计划，确保家族资产能够有序传承和发展。

综上所述，家族资产系统化管理是一项复杂而重要的任务。明确资产的具体内容和分布、注重风险控制和合规性、借助专业团队和先进工具及注重家族文化和传承等方法，可以实现家族资产的优化配置和收益最大化，为家族的长远发展和传承奠定坚实基础。

5.6 资产长期平衡的 4 个方向

实现资产平衡是一个复杂的过程，涉及家族企业运营、传承及股东权益等多个方面。为了实现资产平衡，家族企业可从以下 4 个大方向着手，进行深入的分析和规划。

首先，要实现资本平衡，家族企业就需要依据预先设定的、经过精心安排的流动性管理规划，以满足股东对流动性的需求。

这意味着家族企业需要在保持稳健经营的前提下，对资金流进行精细化管理，以确保股东在需要时能够顺利获取资金。这包括对现金流、应收账款、存货等的监控和调度，以确保企业资金的良性循环。同时，家族企业还需要制定合理的股东权益分配政策，以平衡不同股东的权益需求，避免因股东权益分配不均而引发矛盾。

其次，家族通过实施股权赎回与转让政策，确保股权在既定范围内得以有序流转，是家族企业集中所有权的核心策略，有助于维系家族企业的控制与传承。

在家族企业中，股权的流转往往受到家族成员之间复杂关系、传承意愿等因素的影响。因此，家族企业需要制定明确的股权赎回和转让制度，规定股权流转的条件、程序和价格等，以确保股权在家族内部有序流转，避免外部势力的干预。这有助于保持家族企业的稳定性和持续性，确保家族企业的传承和发展。

再次，培养耐心资本，有助于引导股东自愿为家族企业提供增长资本。

耐心资本是指那些愿意长期持有企业股权、支持企业发展的投资者。想要吸引和培养耐心资本，家族企业需要具有稳健的经营策略、良好的发展前景和可观的投资回报。同时，家族企业还需要与股东建立长期的信任和合作关系，通过信息披露、沟通互动等方式增强股东的信心和归属感。这样，股东才更愿意为家族企业提供增长资本,推动企业持续发展。

最后,完善家族所有权结构是实现资产平衡的关键。

在家族企业中,所有权结构往往涉及多个家族成员的利益和权益。为了降低流动性与增长资本对控制权的影响,家族企业需要强化控制权结构,确保核心管理层拥有足够的控制力,包括制定合理的家族成员股权分配方案、明确家族成员在企业中的职责和权力等。同时,家族企业还需要建立健全治理机制,包括董事会、监事会等机构的设置和运作,以确保决策和管理科学、规范、透明。

综上所述,实现资产平衡需要从多个方面入手,包括合理安排流动性管理规划、实现股权有序流转、培养耐心资本和完善家族所有权结构等。这些措施有助于确保家族企业的稳定、持续和健康发展,为企业的长远发展奠定坚实的基础。

5.7 家族投资者的角色

作为家族财富传承和增长的重要参与者,家族投资者承担着诸多责任。他们不仅需具备丰富的投资知识和经验,还要对家族的整体利益有深刻的理解和把握。在日益复杂的投资环境中,家族投资者需要不断探索和创新,以应对各种挑战,为家族的繁荣与稳定贡献自己的力量。

家族投资者的角色与职责至关重要,他们肩负着制订和执行家族财富传承计划的重任。家族投资者不仅需要对家族成员的资产状况、投资偏好和风险承受能力有深入的了解,还需要全面考虑家族的长期利益和发展方向，从而制定出符合家族整体利益的投资策略。

家族投资者通常会采取多元化的投资策略，以分散风险，同时建立风险预警机制，及时调整投资组合，以降低潜在的损失。此外，家族投资者还需要考虑家族企业的经营风险、家族成员的健康风险等非投资性风险，并确定相应的应对措施。

值得注意的是，家族投资者在履行职责时，需要保持高度的责任心和职业道德。他们需要以家族的整体利益为出发点，客观、公正地制定和执行投资策略。同时，他们还需要不断学习和提升自己的投资知识和技能，以应对不断变化的市场环境和投资挑战。

在实际操作中，家族投资者在追求财富增长和传承的过程中，往往面临诸多挑战和困难。这些挑战有来自家族内部的，也来自外部市场的。因此，家族投资者需要采取一系列有效的措施，以应对这些挑战，确保家族财富的稳定增长和传承。

家族成员之间的意见分歧是家族投资者面临的一大问题。由于不同的家族成员可能具有不同的投资理念、风险承受能力和投资目标，因此在制定投资策略时往往难以达成共识。为解决这一问题，家族投资者需要建立有效的沟通机制，以促进家族成员之间的交流和协商。家族投资者可以引入专业的投资顾问或机构，为家族提供中立的意见和建议，以帮助家族成员达成共识。

市场波动和不确定性也是家族投资者需要应对的重要挑战。金融市场的变化往往难以预测，市场波动和不确定性可能对家族财富产生负面影响。为降低这种影响，家族投资者需要制定灵活的投资策略，根据市场变化及时调整投资组合。此外，家族投资者还可以考虑采用多元化投资策略，将资金分散投资于不同的资产类别和市场，以降低单一资产或市场的风险。

除以上两个挑战外，家族投资者还需要关注其他可能影响家族财富的因素。例如，家族成员的个人行为、家族企业的经营管理等都可能对家族财富产生重要影响。因此，家族投资者需要建立严格的家族治理机制，以规范家族成员的行为，确保家族财富的安全和稳定。

家族投资者在家族财富传承和增长中扮演着举足轻重的角色。他们需要充分认识到自己的角色和责任，积极应对各种挑战，采取有效的措施，实现家族财富的传承与增值。

5.8 建立有纪律的家族投资体系

为达到投资目标，作为投资主体，家族应以自身为核心，全面协同既有的外部资源，深入整合已经形成的金融网络和业态，打造一个稳健可靠的投资体系。这个体系不仅有助于家族资产的保值增值，更能为家族的未来发展奠定坚实的基础。下面将详细探讨构建家族投资体系需关注的6个方面，如图5-4所示。

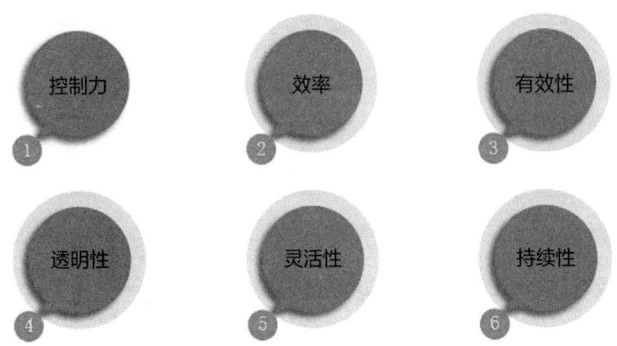

图 5-4 构建家族投资体系需关注的 6 个方面

1. 控制力

控制力是家族投资体系的核心要素。在构建投资体系时,家族应确保自身拥有足够的控制力,能够对整个投资过程进行有效监管和调控。这意味着家族需要建立一套完善的投资决策机制,以确保投资行为的合规性和合理性,同时,还需要对投资过程中的风险进行严格的把控,避免遭受重大损失。

2. 效率

在整合外部资源、构建投资体系时,家族需要关注费用、管理层级等影响效率的因素,确保资源的合理配置和高效利用。同时,家族还需要建立一套高效的信息传递和沟通机制,以确保投资信息的及时、准确传递,提高决策效率和执行效率。

3. 有效性

有效性是投资体系的关键所在。在构建投资体系时,家族需要注重理论的有效性和市场分析的准确性,以确保投资决策的科学性和合理性。此外,家族还需要注重投资的多元化,通过分散投资降低风险，提高整体收益的稳定性。

4. 透明性

透明性是家族投资体系的重要保障。家族是一个以亲情为纽带的利益共同体，因此需要让每一位成员都清晰地了解投资决策的过程、风险与收益，并鼓励成员共同参与讨论，为投资策略出谋划策，充分发挥集体智慧。

5. 灵活性

灵活性是家族投资体系应对市场变化的关键。家族企业需要确保投资体系能够灵活应对市场的波动和变化，以应对各种不确定风险。

6. 持续性

持续性是家族投资体系稳定发展的基础。家族需要确保整个投资体系及所依赖的各方资源稳定可靠，支出控制在合理范围内，同时注重相关参与者的持续教育和沟通顺畅。

此外，家族还应注重投资知识的普及。通过定期举办投资讲座、分享会等活动，让家族成员了解投资基础知识、投资工具和风险管理等方面的内容。这有助于提升家族成员的投资素养，使他们能够更好地参与家族投资活动。

想要实现投资目标，家族需要打造一个稳健可靠的投资体系，并注重控制力、效率、有效性、透明度、灵活性和持续性等方面的建设。只有这样，家族才能够在复杂多变的投资环境中稳健前行，实现家族财富的保值增值。

5.9 外部融资：必须守住底线

随着市场竞争的日益激烈和企业规模的不断扩大，许多家族企业在发展中遇到了资金短缺的问题，于是纷纷寻求外部融资。在这个过程中，家族企业必须守住一些底线。

1. 法律底线

在寻求外部融资时，家族企业应严格遵守法律法规，避免非法集资、欺诈发行股票债券、内幕交易等违法行为。同时，确保融资合同的合法性与有效性至关重要，明确各方的权利与义务，以防合同纠纷给企业带来损失。

2. 道德底线

除了法律的约束，家族企业在融资时还应坚守道德底线。在融资过程中，诚信是基本原则，企业应避免隐瞒重要信息或误导投资者。家族企业还要尊重投资者的权益，确保按时足额支付利息和本金，避免恶意拖欠。同时，家族企业还应避免过度融资和无序扩张，避免将风险转嫁给投资者。

3. 可持续发展底线

家族企业进行外部融资的初衷是实现可持续发展。因此，资金的使用应与企业的长期战略相符，避免用于短期投机或挥霍。企业应专注于构建核心竞争力，提升盈利能力和风险抵御能力，以确保长期稳定的发展，并为投资者持续创造价值。

那么家族企业该如何守住外部融资底线呢？

1. 精心规划融资策略

在寻求外部融资之前，家族企业需要进行周密的融资策略规划。这涵盖明确融资目标、规模、期限及方法，评估自身的资金需求与承受能力，制订合理的融资计划。通过精心规划融资策略，家族企业能更加明智地挑选融资途径和合作伙伴，从而避免无序融资和融资过度。

2. 选择合适的融资途径

在进行外部融资时，家族企业应基于自身的经营状况，挑选合适的融资途径。常见的融资途径包括银行贷款、债券发行、股权融资等。每种融资途径都有其独特的优势和风险，家族企业需根据自身的发展阶段、财务状况及融资需求，选择最合适的融资途径。例如，在企业初创阶段，由于风险较高，获取银行贷款可能较为困难，此时股权融资可能是一个更佳的选择；而在企业进入稳定发展期，财务状况稳健时，债券融资可能是更合适的选择。

3. 谨慎挑选融资伙伴

在外部融资过程中，家族企业应谨慎挑选融资伙伴。这不仅关乎企业能否成功获得资金，还影响着企业的未来发展。具体来说，家族企业应挑选信誉卓著、实力强大、具备长期投资能力的融资伙伴。

总之，家族企业在寻求外部融资时，必须守住底线，确保自身的独立性和持续发展。只有这样，家族企业才能在激烈的市场竞争中立于不败之地，实现更加稳健的发展。

5.10 全球配置成为新"风口"

在经济全球化的时代背景下,国际贸易、资本流动和技术传播的加速,使得不同国家的经济周期、市场表现和资产价格走势不再完全独立,各国经济紧密相连、相互依存。经济格局的变化使得全球配置成为投资者实现资产保值增值的重要手段。

全球配置,即资产的全球配置,是指将资金分散投资于不同国家、不同地区、不同资产类别,以实现风险分散和收益最大化的投资策略。投资者可以通过全球配置,充分利用不同国家和地区经济发展的差异,获取更广泛的投资机会。

随着各国金融市场进一步对外开放,跨境投资的限制逐渐减少。同时,跨境ETF(Exchange Traded Fund,交易型开放式指数证券投资基金)、QDII(Qualified Domestic Institutional Investor,合格境内机构投资者)、沪港通、深港通等投资工具的出现,为投资者进行全球配置提供了更加便捷的渠道。

全球配置逐渐成为新的"风口",引领着投资领域的新一轮变革。这一趋势的兴起,不仅深刻反映了全球化进程的不断深入,也体现了各类投资者对多元化投资组合的积极追求。

与此同时,随着市场的不断发展和变化,单一市场或资产的风险逐渐增大,投资者需要通过寻找更多的投资机会和方式来分散风险。全球配置为投资者提供了更广阔的投资空间,使得他们能够在全球范围内寻找优质的投资标的,实现资产的多元化配置。

例如,新兴市场可能具有较高的增长潜力,而成熟市场则相对稳定。投资者可以根据自己的风险偏好和投资目标，选择适合自己的市场进行投资。

通过将资产分散在不同国家和地区，投资者可以避免因某个国家或地区的经济危机、政治动荡等因素而导致资产大幅缩水。此外，通过合理配置相关性较低的资产来构建资产组合，如股票和债券、房地产和大宗商品等，也可以进一步降低投资风险。

此外，全球配置还能够带来更为丰富的投资回报。不同国家、不同行业、不同资产类别的市场表现各不相同，投资者可以通过全球配置来捕捉不同市场的投资机会，实现更为稳健的投资收益。同时，全球配置也有助于投资者更好地应对经济周期的变化，降低市场波动对投资组合的影响。

当然，全球配置也面临着一些风险和挑战。不同国家的政治、经济、文化等因素都可能对投资产生影响，投资者需要具备全球视野和跨文化的沟通能力。此外，全球配置还需要考虑汇率风险、税务问题及监管差异等因素，这些因素都可能对投资产生重要影响。

在采取全球配置策略时，投资者需要注意以下几点。

1. 确定投资目标和风险偏好

在进行全球配置之前，投资者首先要明确自己的投资目标和风险偏好。投资目标可以是长期财富增长、退休规划、子女教育等，而风险偏好则取决于投资者的年龄、收入、资产状况、投资经验等因素。根据投资目标和风险偏好，投资者可以确定适合自己的资产配置比例。

2. 合理选择资产类别

全球配置的资产类别主要包括股票、债券、房地产、大宗商品等。不同资产类别的风险和收益特征不同，投资者可以根据自己的投资目标和风险偏好进行选择。例如，股票具有较高的风险和收益潜力，适合风险偏好较高的投资者；债券相对稳定，收益较低，适合风险偏好较低的投资者。

3. 合理选择投资市场

全球配置的投资市场包括发达国家市场和新兴市场。发达国家市场有美国、欧洲、日本等，经济发展较为成熟，市场制度完善，风险相对较低；新兴市场有印度、巴西等，经济增长潜力较大，但市场波动也相对较大。投资者可以根据自己的投资目标和风险偏好，选择适合自己的投资市场。

4. 利用投资工具

投资者可以利用各种投资工具进行全球配置，如跨境 ETF、QDII、海外基金等。跨境 ETF 是一种跟踪特定指数的交易型开放式基金，可以在证券交易所进行买卖，具有交易便捷、成本低等优点；QDII 是合格境内机构投资者，可以在境外证券市场进行投资，为投资者提供了更多的投资选择；海外基金则由专业的基金经理管理，投资者可以通过购买海外基金间接投资境外市场。

总体来说，全球配置已成为投资领域的新趋势，引领着投资者向更为多元化、全球化的投资方向迈进。

第6章

税务设计：财富安全传承之道

家族企业的税务设计是一项系统工程，需要综合考虑企业的实际情况、法律法规、税收优惠政策等多方面因素。通过合理的税务设计，家族企业可以在合法合规的前提下降低税负，提高经济效益，为家族财富的安全传承提供有力的保障。

6.1 财富传承中的涉税风险

家族财富传承一直是备受关注的重要问题。随着家族财富的不断积累，如何有效、安全地将其传承给后代，成为许多家族面临的重要挑战。家族财富传承涉及众多因素，包括家族成员之间的关系、企业的运营状况、法律法规的制约等，存在很多涉税风险。

1. 股权转让中的税务风险

在家族企业进行股权转让的过程中，可能会产生税务风险。若股权转让的定价缺乏合理性，税务机关有权进行调整，这可能导致转让方必须补缴相应的税款。例如，家族成员间为了减轻税负，可能会以低于市场价的价格转让股权，但这种做法极易引起税务机关的注意。此外,股权转让还涉及企业所得税、个人所得税等多种税种,若对税收政策缺乏了解,可能导致税款漏缴或少缴,从而引发税务风险。

2. 赠与和遗产继承中的税务风险

在家族财富传承实践中,赠与和遗产继承是两种常见的方式。然而,这两种方式也可能引发税务风险。尽管我国现行税法规定直系亲属间的赠与免征个人所得税,但若赠与财产包括不动产、股权等,可能需缴纳契税、印花税等其他税种。

在遗产继承方面,尽管我国目前未征收遗产税,但随着经济的发展和税收制度的完善,未来有可能开征遗产税。另外,若继承人对遗产价值评估不准确,也可能导致税务申报出现问题。

3. 企业重组中的税务风险

家族企业在进行重组时,如合并、分立、资产收购等,也需警惕税务风险。企业重组涉及多个税种,包括企业所得税、增值税、土地增值税等。如果重组方案设计不当,可能会导致税务成本增加。

例如,在企业合并过程中,若被合并企业的资产增值,则增值部分可能需要缴纳企业所得税。此外,企业重组需满足特定条件才能享受税收优惠政策,若不符合条件而盲目重组,则可能会面临税务处罚。

4. 国际税收风险

对拥有海外业务的家族企业而言,国际税收风险不可忽视。由于不同国家和地区的税收制度存在差异,家族企业在进行跨国财富传承时，可能会面临双重征税或无法享受税收优惠的境况。同时，国际税收规则的频繁变化也给家族财富传承带来了不确定性。

此外，随着家族成员身份和资产配置的国际化，跨国税务问题日益突出，如不同国家之间的税收协定、外汇管制等，都可能成为风险因素。

面对家族财富传承中的风险，家族企业可从以下几个方面进行应对。首先，加强法律意识和风险意识的培养，提高家族成员对法律法规和财务风险的认识和应对能力；其次，建立专业的顾问团队，包括法律顾问和财务顾问，为家族提供全方位的风险评估和解决方案；最后，家族还可以借鉴其他成功家族的经验和做法，结合自身的实际情况，制定适合自己的传承策略和风险管理方案。

家族财富传承中的涉税风险是客观存在的，家族企业需要高度重视，采取有效的措施进行防范。只有这样，才能确保财富顺利传承。

6.2 金税四期：督促纳税的"天眼"

随着时代的进步和科技的发展，税收管理也在不断迈向智能化、高效化。例如，我国上线金税四期，实现对涉税业务和非税业务的全面监控。金税四期的上线，是税务领域的一个创新举措。金税四期可以作为督促纳税人诚信纳税的重要工具，堪称税收领域的"天眼"。

金税四期是我国税务信息化建设的重要组成部分,通过运用大数据、云计算、人工智能等先进技术,实现了对税收数据的全面采集和整合。金税四期可以整合税务部门内部数据及外部的工商、银行、海关等多部门数据,形成全面的纳税人画像。

金税四期在税收征管方面的功能更为强大。相较于之前的税务系统,金税四期具备智能监控功能,能够实时监控纳税人的生产经营活动、财务状况和纳税申报行为。它可以对企业的财务报表、发票流向、资金往来等进行动态监控,一旦发现税收违法行为,如销售额与纳税额不匹配、发票开具异常等,立即发出预警。同时,金税四期还可以利用人工智能技术,对纳税人的行为进行分析和预测,提前防范税收风险。

金税四期还实现了税收征管的全流程管理,从纳税人登记、申报纳税到税务稽查、处理处罚等各个环节都进行了严格的监控。它可以对纳税人的申报数据进行自动审核,提高申报质量和效率。在税务稽查方面,金税四期可以根据风险分析结果,精准确定稽查对象,提高稽查的针对性和有效性。

此外,金税四期还实现了税务部门与其他部门的信息共享和联动,加强了税收征管的协同性和整体性,有效提高了税收征管的效率和质量。金税四期打破了部门之间的信息壁垒,实现了税务部门与工商、银行、海关等多部门的协同合作。通过信息共享和联合执法,可以对纳税人进行全方位的监管,形成强大的监管合力。例如,税务部门可以与银行合作,监控企业的资金流向,以及时发现企业的逃税行为；与工商部门合作，核实企业的注册信息和经营状况，以防止虚假注册和骗税行为。

金税四期在构建企业画像方面更加精准。通过对企业纳税信息的深度挖掘和分析，金税四期能够生成详细的企业画像，包括企业的纳税情况、经营情况、信用状况等。同时，企业也可以通过查看自己的画像，了解自身在税收方面的优势和不足，从而有针对性地改进和提升。

金税四期的推出增强了纳税人的诚信意识。随着金税四期的深入应用，越来越多的纳税人开始意识到诚信纳税的重要性，主动进行纳税申报，积极配合税务部门的工作。这不仅减轻了税务部门的工作压力，也提升了税收的公平性和可持续性。同时，金税四期也为纳税人提供了更加便捷、高效的税收服务。纳税人可以通过电子税务局等渠道，实现纳税申报、缴税、查询等业务的在线办理，大幅提高了办税效率。

金税四期还强化了对税收违法行为的打击力度。通过大数据分析，税务机关能够更加精准地识别和查处各类税收违法行为，如虚开增值税发票、逃税、骗税等，有效维护了税收秩序。金税四期的上线，不仅提升了税收征管的现代化水平，也为纳税人营造了一个更加公平、透明的税收环境。

作为督促纳税的"天眼"，金税四期为我国税收事业的发展提供了有力保障。它不仅提升了税收管理的效率和准确性，还有助于营造诚信纳税的良好氛围。

6.3 企业经营与税务筹划

税务筹划,是指企业在遵守税法的前提下,通过合理安排经营活动、优化财务结构等方式,减少税收支出,提高税后利润。

税务筹划不仅是家族企业税务管理中的一项重要任务,还是家族企业追求经济效益最大化的一种手段,更是家族企业实现可持续经营和长远发展的重要保障。通过深入理解和合理利用税务政策及税收优惠措施,家族企业可以巧妙地调整经营策略,以最大限度地降低税负,进而提升盈利能力,实现更为稳健和高效的发展。

例如,针对高新技术企业、创新型企业的税收优惠政策,可以帮助家族企业降低研发成本,提高市场竞争力。此外,家族企业还可以通过合理安排资产购置、销售等环节,降低增值税税负;或者通过合理设置公司架构、股权结构等方式,优化所得税税负。

税务筹划并非简单地避税或逃税。在进行税务筹划时,家族企业必须遵守税法规定,不得采取违法手段。同时,家族企业还需要密切关注税收政策的变化,及时调整税务筹划策略,以应对可能出现的风险。

通过合理的税务筹划,家族企业可以最大限度地降低税负,提高盈利能力。具体来说,家族企业可以通过选择适当的纳税地点、合理安排资金流动、优化供应链等方式,降低应纳税额。

除降低税负外,合理的税务筹划还有助于提升企业的竞争力和市场地位。通过优化税务结构,家族企业可以更加专注于核心业务的发展,提高经营效率。同时,家族企业还可以通过税务筹划展示自身良好的财务管理能力和合规意识，赢得市场和投资者的信任。

为了更好地实现企业经营与税务筹划的结合，家族企业可以加强内部培训，提高员工对税务政策和税务筹划的认识。此外，家族企业还可以与专业的税务顾问或会计师事务所合作，寻求专业的税务筹划建议。借助专业的指导和支持，家族企业可以更加精准地把握税收政策，制定更为合理的税务筹划方案。

税务筹划是家族企业经营过程中不可缺少的环节。通过充分利用税收优惠政策及加强税务风险管理，家族企业可以在激烈的市场竞争中保持优势地位，实现持续、健康的发展。

6.4 股权转让过程中的税务筹划

股权转让是家族企业经营中常见的一种股权变动形式，其过程较为复杂，且需要考虑到税务因素。在进行股权转让时，家族企业常常会运用一些税务筹划策略，以达到降低税负、优化税务结构的目的。下面将详细阐述几种常见的股权转让税务筹划思路，如图6-1所示。

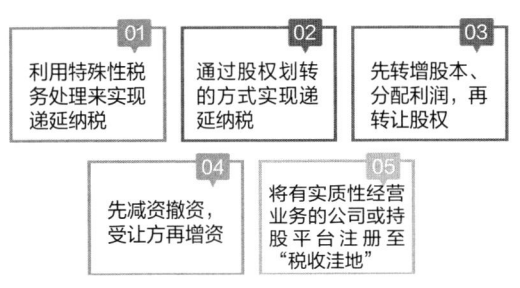

图6-1 股权转让中的税务筹划思路

1. 利用特殊性税务处理来实现递延纳税

特殊性税务处理是指税法针对某些特定情况下的税务问题，提供特殊的税收处理方式。在股权转让过程中，家族企业可以通过合理运用特殊性税务处理规定，将部分或全部股权转让所得延迟至未来某个时点纳税，从而减轻当前的税负压力。这种策略的关键在于准确理解税法规定，并巧妙地将其与企业的实际情况相结合。

2. 通过股权划转的方式实现递延纳税

股权划转是指在不改变股权实质归属的情况下，将股权从一个股东转移到另一个股东。如果股权划转符合税法对特殊性税务处理的规定，也可以实现递延纳税。这种策略通常适用于家族企业内部股东之间的股权调整或优化，可以有效地降低税务风险。

3. 先转增股本、分配利润，再转让股权

家族企业的股东先通过转增股本的方式增加企业的注册资本，然后获得利润，最后再将股权转让。通过这种方式，股东可以在一定程度上降低股权转让的税负，因为转增股本和分配利润的过程可能会产生一些税务上的优惠。

4. 先减资撤资，受让方再增资

家族企业的股东先通过减资或撤资的方式将部分或全部股权转让给受让方，然后受让方再增资。这种方式可以在一定程度上降低股权转让的税负，同时也有助于优化家族企业的股权结构。

5. 将有实质性经营业务的公司或持股平台注册至"税收洼地"

"税收洼地"通常指那些税负相对较低、税收政策较为优惠的地区。通过将公司或持股平台注册至这些地区，家族企业可以充分利用当地的税收优惠政策，降低股权转让的税负。然而，在选择"税收洼地"时，家族企业需要充分了解当地的税收政策，以确保相关行为的合法性和有效性。

此外，在进行税务筹划时，家族企业还需要注意防范税务风险。这包括遵守税法规定，避免违法行为；做好相关税务文件的准备和申报工作，确保资料完整、真实；与税务机关保持沟通，了解税务政策的最新动态，以便及时调整税务筹划方案。

股权转让时间安排会影响税务筹划的效果。因此，家族企业可以根据自身的经营状况，选择合适的股权转让时间，以充分利用税收优惠政策或避开高税率时段。

股权转让的税务筹划思路多种多样，家族企业可以根据自身的实际情况和需求选择合适的策略。同时，企业股东需要注意税务风险的防范和控制，避免因税务问题而遭受损失。

6.5 如何解决房地产税问题

家族企业往往拥有大量的房地产资产。这些资产不仅是企业的重要物质基础，还在企业经营中发挥着举足轻重的作用。然而，随着社会的不断发展和税收制度逐步完善，房地产税成为家族企业面临的一项重要税负。

不同地区的经济发展水平、房地产市场状况等因素不同,因此房地产税政策差异较大,且存在复杂性和不确定性。这导致家族企业在不同地区的税负水平呈现明显的不一致性,企业财务规划和管理面临很大挑战。

此外,房地产税的计税依据和税率也存在不确定性。由于房地产市场具有波动性和复杂性,因此房地产税的计税依据往往难以准确界定。同时,各地的税率也可能因为政策调整或市场变化而发生变化。这种不确定性使得家族企业难以准确预测税负,企业经营风险增加。

妥善解决家族企业面临的房地产税问题,既能保障企业的合法权益,又能促进税收公平,已成为当前亟待解决的问题。具体来说,房地产税问题的解决办法如图6-2所示。

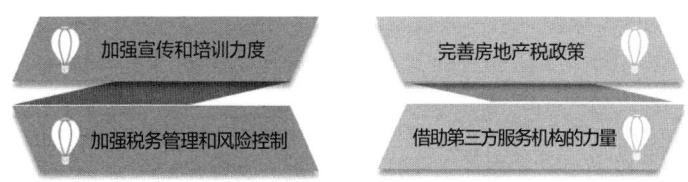

图6-2 房地产税问题的解决方法

首先,相关部门可以加强对房地产税政策的宣传和培训力度,以深化家族企业对政策的认知和理解。相关部门可以通过举办专题培训讲座、发布政策解读材料等方式,向家族企业普及房地产税的相关规定和操作流程。这样一来,家族企业就能更加清晰地了解房地产税的征收标准、纳税义务及税务优惠政策等,从而避免因对政策理解不当而引发的税务风险。

其次，相关部门可以进一步完善房地产税政策，提升政策的公平性和透明度。具体而言，相关部门可以统一不同地区的房地产税政策，消除地区间的税负差异，确保全国范围内的税负水平相对均衡。

再次，相关部门应明确计税依据和税率的确定方法，以减少企业预测税负时的不确定性。此外，相关部门应加大对房地产市场的监管力度，防止家族企业利用房地产进行避税，以确保房地产税政策顺利实施。

从次，在家族企业方面，加强税务管理和风险控制很重要。家族企业应建立健全税务管理制度，规范税务操作流程，确保税务申报的准确性和及时性。同时，家族企业还应加强对税务风险的识别和评估，及时采取措施进行防范和应对。

例如，家族企业可以设立专门的税务管理部门或岗位，负责税务工作的日常管理和监督；也可以与专业的税务顾问或律师合作，获取更加专业的税务咨询和代理服务。

最后，家族企业可以借助第三方服务机构的力量，妥善解决房地产税问题。第三方服务机构通常具有丰富的税务经验和专业知识，能够为家族企业提供全方位的税务咨询和代理服务。通过与这些机构合作，家族企业可以更加深入地了解房地产税政策，更加有效地降低税务风险，提高经营效率。

总之，解决家族企业所面临的房地产税问题需要相关部门、家族企业及第三方服务机构共同努力。三者共同努力有助于构建一个更加紧密的合作网络，确保政策、资源和信息在各方之间畅通无阻。

6.6 遗产税与赠与税筹划方案

作为我国财税体系的重要组成部分,遗产税与赠与税在维护国家税收体系稳定和公正、促进社会财富合理分配方面发挥着重要作用。

在家族财富积累和传承的过程中,遗产税与赠与税是家族企业和家族成员必须面对的问题。遗产税旨在通过对遗产进行税收征收,以调节社会财富分配,防止财富过度集中,从而维护社会公平与和谐。在遗产税方面,家族需要充分考虑税法规定,合法合规地进行税务筹划,以减轻税收负担,确保家族财富平稳传承。

赠与税主要针对家族成员之间的财产转移行为。征收赠与税可以有效遏制财富的无序转移,防止通过赠与方式逃避税收监管。同时,赠与税也有助于平衡社会财富分配,缩小贫富差距,实现社会公平。在筹划赠与税时,家族应充分了解税法规定,合理安排赠与行为,以确保税务合规,避免税务风险。

为深入解析遗产税与赠与税的重要性,下面结合一些实例和统计数据来进行说明。在一些发达国家,遗产税与赠与税的征收对调节社会财富分配、缩小贫富差距起到了显著的作用。这些国家通过完善税法制度、加强税收征管,有效地实现了税收公平和社会和谐。在一些发展中国家,虽然遗产税与赠与税的相关制度尚未完善,但随着经济的不断发展和社会的进步,这些税种的重要性日益凸显。

作为韩国的跨国企业巨头,三星集团的业务遍布电子、金融、机械、化学等众多领域，拥有很多世界知名的子公司，如三星电子等。然而，即使是这样的巨头企业，在面对巨额遗产税时也不得不寻求贷款支持。

以三星电子已故董事长李健熙的遗产继承为例。想要继承这笔庞大的遗产，李氏家族需要支付的遗产税高达12万亿韩元（约合107.8亿美元或700亿元人民币）。这样一笔巨额的遗产税，对任何一个家族来说都是一个沉重的负担。

在韩国，遗产税采用的是累进税率制，遗产价值越高，税率也越高。李健熙的巨额遗产税率自然是非常高的。这种制度有助于平衡社会财富分配，防止财富过度集中在少数人手中，但给企业和家族带来了很大的经济压力。

尽管遗产税制度带来了一定的经济负担，但三星集团仍然选择通过贷款的方式来支付这笔巨额税款。这背后反映出三星集团对家族传承和企业稳定的重视，家族成员不愿意因为遗产税的问题而影响到企业的正常运营和家族的传承。

在筹划遗产税与赠与税时，家族还需要注意一些法律风险和合规问题。例如，财产转移需要遵守相关法律法规，避免涉及非法资金或逃税行为。同时，家族还应关注税务政策的变化，及时调整税务规划策略，以应对可能出现的税务风险。

随着家族财富的积累，遗产税与赠与税的重要性日益凸显。对拥有一定财富的家庭来说，合理筹划这两项税种，既有助于维护国家税收体系的稳定和公正，也有助于实现家族财富的平稳传承。

6.7 涉外资产的税务难点

在全球化浪潮席卷的今天,家族企业涉外资产的管理和运营变得日益复杂,税务是其中一个较为关键且棘手的问题。涉外资产不仅涵盖跨国投资、国际贸易、海外上市等多个方面,还涉及复杂的税收制度、税收协定和税收优惠政策等。

这些税务难点不仅关系到家族企业的经济利益,更直接影响着企业的合规经营和长远发展。因此,合理应对这些税务难点,对家族企业而言尤为重要。

在进行跨国投资时,家族企业需要深入了解目标国家的税收政策及潜在的税务风险。包括了解目标国家的税率、税收优惠政策、税务申报要求及税务合规标准等。通过充分了解这些信息,家族企业可以制定出更加合理的投资策略,避免因税务问题导致投资失败或遭受经济损失。

此外,国际贸易中的关税、增值税等税收问题也是家族企业需要关注的重点。关税和增值税等税收政策的变化会直接影响到家族企业的进出口成本和盈利能力。因此,家族企业需要密切关注国际贸易政策的变化,以便及时调整经营策略,降低税务风险。

在涉外资产管理和运营过程中,家族企业还需要关注税收协定、双重征税等问题。税收协定是两个或两个以上国家就跨境税收问题签订的协议,旨在避免双重征税、偷漏税,促进国际经济合作。

通过合理利用税收协定,家族企业可以降低跨国经营的税务成本，提高经济效益。同时，家族企业还需要注意避免双重征税的情况，确保在享受税收优惠政策的同时，不会因税务问题而遭受损失。

涉外资产的税务问题不仅关乎家族企业的经济效益，还与家族企业的合规经营密切相关。随着国际税收监管力度的不断加大，各国税务部门对涉外资产的税务问题给予了高度关注。

一旦家族企业在税务方面出现违规行为，不仅可能面临巨额罚款，还可能影响企业的声誉和信誉，进而阻碍企业的长期发展。因此，家族企业需要加强对涉外资产税务问题的关注和管理，确保税务合规。

想要应对涉外资产的税务难点，家族企业可以采取如下一系列措施，如图6-3所示。

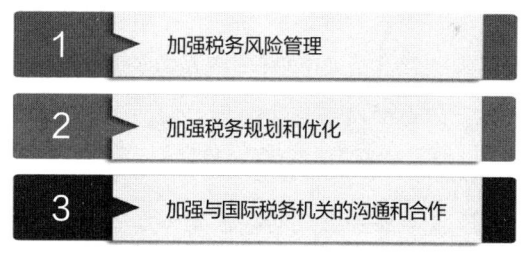

图6-3 应对涉外资产税务难点的措施

1. 加强税务风险管理

家族企业应建立健全税务风险管理制度和内部控制体系，以便在跨国经营过程中及时发现和应对税务风险，包括制定详细的税务政策，明确税务风险的责任人和处理流程，定期对税务风险进行自查和评估。此外，家族企业可以聘请专业的税务顾问或团队，提供税务咨询和风险管理服务，以确保其在全球范围内合规经营。

2. 加强税务规划和优化

加强税务规划和优化是降低税负、提高经济效益的关键。家族企业应深入研究并合理利用各国税收政策和税收协定，以最大限度地减少税负，包括合理选择注册地、优化企业架构、合理安排资本流动、利用税收优惠政策等。同时，家族企业还应关注国际税收动态和政策变化，及时调整税务策略，以确保税务规划的时效性和有效性。

3. 加强与国际税务机关的沟通和合作

家族企业应积极与国际税务机关合作与交流，了解国际税收规则和标准，为跨国经营提供有力的税务支持。家族企业可以加入国际税务组织或协会，与同行交流经验，共同应对税务挑战。同时，家族企业还应加强与所在国税务部门的沟通和联系，及时反馈税务问题和需求，争取获得更好的税务服务和支持。

总之，家族企业涉外资产的税务处理是一项复杂而重要的工作。家族企业需要充分了解各国税法政策，加强税务合规管理，通过合理的税务筹划降低税收风险。

6.8　侥幸心理：逃税不成反遭罚

在人类社会中，法律是维护社会秩序、保障公平正义的重要

第6章 税务设计：财富安全传承之道

工具。但总有一些人抱有侥幸心理，认为自己能够巧妙地规避税收监管，从而获取不正当的利益。然而，一旦被发现逃税，这些人不仅会面临严厉的法律制裁，个人的声誉和信誉也会受损。

在现实生活中，逃税不成反遭罚的案例屡见不鲜。以某家族企业为例，在经营过程中，该企业通过虚构交易、隐瞒收入等手段逃税。税务机关在例行检查中发现了该企业的逃税行为，对其进行了严厉的处罚。该企业不仅被处以高额的罚款，还被要求补缴税款。此外，企业的声誉也受到了极大的影响，导致客户流失、业务受阻。

这一案例充分说明抱有侥幸心理逃税的危害。逃税者往往认为自己能够逃避法律的制裁，事实上，税收监管日益严格，逃税行为难以遁形。一旦被发现，逃税者不仅要承担法律责任，还会面临声誉受损、信誉丧失等严重后果。

邓某是一位曾在商界显赫一时的企业家，2019—2022年，其利用虚构业务的手段，故意改变其收入性质，实施虚假申报，以达到偷逃个人所得税的目的。据税务部门调查，邓某偷逃的个人所得税金额高达4565.62万元。这一数字不仅令人咋舌，更凸显了邓某对税收法律法规的漠视和挑衅。

在深入调查的过程中，税务部门还发现邓某存在其他少缴税款的情况。这些少缴的税款涉及多个税种和纳税环节，金额共计1389.22万元。这些少缴的税款不仅进一步加大了邓某逃税问题的严重性，还严重损害了国家税收的公平性和公正性。

针对邓某的税务问题，税务部门依法进行了深入调查和审核。

经过严格的证据收集和审查,税务部门依法对邓某进行了追缴税款、加收滞纳金和罚款的处理。经过计算,邓某应补缴的税款、滞纳金和罚款总额高达1.14亿元。这一处理结果不仅是对邓某个人违法行为的严厉处罚,更是对税收法律法规的坚定维护。

这一事件引起了社会各界的广泛关注,也引发了人们对税收法律法规和税收公平性的深入思考。税收是国家财政收入的重要来源,也是调节社会收入分配、促进社会公平的重要手段。然而,一些企业和个人为了自身利益,不惜违反税收法律法规,通过各种手段偷逃税款,严重损害了国家税收的公平性和公正性。

逃税行为也严重损害了国家的法治建设。法律是维护社会秩序、保障公平正义的基石。而逃税者规避法律的行为,不仅破坏了法律的权威性和严肃性,还削弱了公民对法律的信任,会严重阻碍国家法治建设。

此外,逃税行为还会对个人的声誉和信用造成严重影响。在现代社会,个人的声誉和信用是极其重要的。而逃税行为一旦被发现,逃税者会名誉扫地,产生不良信用记录,未来的生活和事业发展都会受到影响。

税务部门对邓某的处理结果彰显了法律的威严和对税收违法行为的零容忍态度。这也向全社会传递了一个明确的信号:无论个人或企业的地位如何显赫,一旦触犯税收法律法规,都将受到法律的严惩。同时,这也提醒广大纳税人要增强税收法律意识,自觉遵守税收法律法规,共同维护税收的公平性和公正性。

作为公民，我们应该充分认识到逃税行为的危害性和严重性，自觉遵守税法规定，按时足额缴纳税款。相关部门应加强对逃税行为的监督和打击力度，让那些试图通过逃税来规避法律制裁的人付出应有的代价。

第 7 章

风控机制:最大化控制风险

家族财富管理既需要深思熟虑的布局,又需要灵活应变的智慧。无论是意外变故、管理者健康状况的恶化、家庭纷争,还是企业内部的动荡,都可能影响到家族企业的最终走向。

从管理者意外身亡后的财富分配,到失能后的弱势群体问题,再到离婚时的财产分割、家族企业的传承困境、债务危机的沉重压力等,这些复杂而敏感的问题,不仅是法律和经济的交织,更是人性、道德与责任的碰撞。

7.1 意外身亡后,财富何去何从

家族企业的管理者意外身亡后,财富的去向往往是一个复杂而敏感的问题。在意外尚未来临时,家族企业的管理者或许并未考虑过这个可能性及后续的财富继承问题,但当命运的"魔爪"无情地伸向他时,一切都会变得措手不及。

我们需要明确的是,意外身亡者的财产不会凭空消失,而是会根据一定的法律程序和规定,逐步被分配和处理。这不仅涉及物质财富的转移,还有情感、责任和道德的考量。

在大多数情况下，意外身亡者的财产会首先用于支付其生前所欠的债务和税款。这是法律对遗产处理的基本要求，也是对逝者的尊重和其生前责任的体现。当然，这并不意味着所有债务都需要一次性还清，而是可以根据具体情况进行分期偿还或协商处理。

在债务和税款得到妥善处理之后，剩余的财产则会按照逝者生前立下的遗嘱或法定继承人的顺序进行分配。如果逝者生前立有遗嘱，财产分配将遵循遗嘱中的规定进行。如果逝者未留遗嘱或遗嘱无效，财产分配则依据我国法律规定的继承顺序进行。

《中华人民共和国民法典》（以下简称《民法典》）第一千一百二十七条规定："遗产按照下列顺序继承：

（一）第一顺序：配偶、子女、父母；

（二）第二顺序：兄弟姐妹、祖父母、外祖父母。

继承开始后，由第一顺序继承人继承，第二顺序继承人不继承；没有第一顺序继承人继承的，由第二顺序继承人继承。

本编所称子女，包括婚生子女、非婚生子女、养子女和有抚养关系的继子女。

本编所称父母，包括生父母、养父母和有抚养关系的继父母。

本编所称兄弟姐妹，包括同父母的兄弟姐妹、同父异母或者同母异父的兄弟姐妹、养兄弟姐妹、有抚养关系的继兄弟姐妹。"

然而，需要注意的是，财产分配并非一件简单的事情。尤其是在涉及多个继承人或复杂财产关系的情况下，往往需要寻求专业律师或法律机构的帮助。他们会根据相关法律规定和实际情况，为继承人提供合理的分配方案,并协助其办理相关的法律手续。

除物质财富的分配外,家族企业还需要关注到情感层面的影响。家族企业管理者意外身亡往往会给家人和亲友带来巨大的悲痛和打击,而财产分配也会引发一系列的情感纠葛和矛盾。因此,在处理这类问题时,家族企业不仅需要遵循法律规定,更需要注重人文关怀和道德责任。

综上所述,家族企业管理者意外身亡后的财富分配涉及法律、道德和情感等多个方面,需要慎重对待和妥善处理。只有在遵循法律规定和尊重逝者生前意愿的前提下,才能最大限度地保护遗产的完整性和继承人的权益。

7.2 不慎失能:再有钱也可能成为弱势群体

在现代社会中,财富虽然在很大程度上决定了一个人的生活质量和社会地位,但它并不是万能的。即使是拥有巨额财富的人,在某些特定情况下(如失能)也可能成为弱势群体。

失能指的是疾病、意外或其他原因导致身体或智力功能丧失,使得个体无法像正常人一样进行日常活动和工作。对那些曾经身居高位、手握重权的人来说,失能会给他们带来巨大的打击。他们无法再掌控自己的人生,甚至连最基本的生活都无法自理。

以京东前副总裁蔡磊为例,这位在互联网界与财税领域享有盛誉的领军人物,一度被视为京东未来接班人的有力候选者。然而，在其事业如日中天、风生水起之际，却被确诊患有渐冻症。

渐冻症是一种罕见且具有致命性的神经系统退行性疾病，在现今生物医疗技术迅猛发展的背景下，仍未能找到有效的治疗途径。2023年年初，蔡磊尚能凭借右手手指的轻微动作，轻点鼠标完成相关操作。但随着时间的推移，其手指肌肉功能已逐渐丧失，无法正常进行手部活动。这一变化给蔡磊的日常生活和工作带来了巨大的困难和挑战。

此外，随着颈部肌肉逐渐退化，蔡磊做起身、抬头等动作也变得十分困难。他的发声及吞咽功能也受到影响，呈现日益退化的趋势。渐冻症无情地侵蚀着蔡磊的自理能力，导致他饮水、进食、如厕等均需依赖生活助理及家人的协助。

面对渐冻症这一困难，蔡磊并未选择放弃或陷入消沉情绪中，而是坚定地与渐冻症展开了对抗。他付诸实践，成功构建了一个全球范围内规模最大的渐冻症患者科研平台。该平台汇聚了全球范围内杰出的科学家、医生及药企资源，为渐冻症药物研发与临床试验工作提供了坚实有力的支持，为渐冻症治疗领域的蓬勃发展注入了强大的动力。

蔡磊全身心投入渐冻症的科研工作中，而他的妻子则开启直播带货，直播所得收益用于支持渐冻症科研项目。为确保科研项目持续稳定运行，蔡磊甚至毅然地将自己的房产挂牌出售，以筹集更多的资金。

这个案例告诉我们，无论贫富、身份地位高低，任何人都有可能失能，都有可能在某一时刻遭遇这样的不幸。对那些已经失能的人来说,他们的处境十分艰难,不仅要面对身体上的痛苦和不便,还要承受心理上的压力和困扰。

总之,失能并不是一个遥远的概念,它可能就发生在我们身边。我们应该关注弱势群体的生存状态,努力营造一个公平、公正、充满爱的社会,共同创造一个更加美好的未来。

7.3 夫妻陌路,离婚后财产如何分割

当夫妻之间的感情走到尽头,选择离婚成为无法避免的结局。但离婚不仅仅是情感的终结,更涉及财产分割问题。在离婚的过程中,如何公平、合理地划分共同财产,成为夫妻双方必须面对的重要问题。

想要公平、合理地划分共同财产,夫妻双方就要明确共同财产的范围。基于《民法典》的相关规定,共同财产包括以下几项内容。

(1)工资、奖金、劳务报酬。夫妻双方在婚姻关系存续期间通过劳动获得的工资和奖金属于共同财产。

(2)生产、经营的收益。无论是夫妻一方还是双方从事生产经营活动所得的收益,都属于共同财产。

(3)知识产权的收益。夫妻一方或双方拥有的知识产权,如专利、著作权等所产生的收益,也属于共同财产。

(4)继承或赠与所得的财产。在婚姻关系存续期间,夫妻一方或双方通过继承或赠与获得的财产,除非有特别约定,通常视

为共同财产。

（5）其他应当归共同所有的财产。包括夫妻双方在婚姻关系存续期间获得的其他财产，如住房补贴、住房公积金等。

同时，夫妻在婚前所取得的财产，除非另外有约定，通常不属于共同财产的范围。

在确定了共同财产的范围后，接下来便是分割这些财产。一般而言，夫妻共同财产的分割应遵循公平、合理、协商一致的原则。双方可以通过协商，根据各自对家庭贡献的大小、经济状况、子女抚养等因素，来确定其应得的财产份额。

如果双方无法就财产分割达成一致意见，则可以向人民法院提起诉讼。法院会综合考虑夫妻双方的实际情况，以及子女抚养、债务清偿等因素，作出公平合理的裁决。

除共同财产的分割外，夫妻离婚还可能涉及债务承担问题。如果双方在婚姻关系存续期间存在共同债务，则应根据实际情况进行分摊和偿还。如果一方在离婚后发现另一方在婚姻关系存续期间存在隐藏、转移财产等行为，可以向法院提起诉讼，要求重新分割财产。

为预防婚变导致婚前财产缩水，夫妻双方可以签署婚前协议、婚内协议等。此外，购买保险和信托也可以有效解决这一问题。例如，张女士和刘先生结婚多年，刘先生在婚后进行了一些创业投资。随着事业的发展和财富的积累，他们的家庭财产状况变得更加复杂。为了预防婚变导致财产纠纷，夫妻二人在婚姻关系存续期间签署了婚内协议。

协议中对刘先生拥有的创业公司的股权、家庭房产的归属及未来可能获得的收益分配等问题进行了明确约定。后来当两人的婚姻出现危机时,这份婚内协议起到了重要的作用,避免了双方在财产分割上的长时间争执,使得双方能够相对平和地解决婚姻问题,同时也保护了他们的财产权益。

总之,夫妻陌路后,财产的分割是一个复杂的问题。双方应保持冷静、理性的态度,通过协商或诉讼等方式,公平、合理地划分共同财产。

7.4 子女接班意愿不强,企业无人继承

在传统观念的熏陶下,家族企业管理者希望子女能够继承企业,肩负起家族使命与荣誉。然而,随着时代的变迁,年轻人对职业选择和人生规划有了更加丰富的思考。子女接班意愿低,后继无人,是当今时代很多家族企业面临的一个严峻挑战。

如今的年轻一代在成长过程中接触到多元化的事物,有自己独特的兴趣爱好和职业追求。许多家族企业管理者的子女可能对艺术、科技、公益等领域更感兴趣,不愿意被束缚在家族企业中。他们渴望追求自己的梦想,实现个人价值,而不是继承家族企业。

此外,现代教育的普及使得家族企业管理者的子女有更多的机会接受高等教育和国际化教育。他们在学校中接触到各种先进的管理理念和职业发展路径,可能更倾向于选择在大型跨国企业、金融机构或新兴行业中发展,以获得更广阔的发展空间和更丰富

的职业体验。

家族企业在传承过程中往往面临着诸多经营压力和挑战，且市场竞争日益激烈，技术变革迅速，企业管理复杂度不断提高。对年轻一代来说，接手家族企业意味着要承担巨大的责任和风险，他们可能担心自己无法胜任领导角色，或者不愿意面对企业可能出现的困境和危机。

在我国众多知名家族企业中，美的集团创始人何享健的创业历程备受关注。何享健从生产塑料瓶盖的塑料制品厂起步，在洞察到电风扇市场的潜力后，进而涉足家电行业。在他的引领下，美的集团从电风扇生产和销售起步，逐步树立了良好的市场口碑，发展成为我国知名的家电企业集团。凭借美的集团的成功，何享健实现了个人财富的深厚积累。

随着美的集团的发展越来越稳定，何享健萌生退休之意。何享健有一子二女，他们都是美的集团的合法继承人。然而，他们却不愿承接父亲的事业。最终，美的集团决定任命职业经理人方洪波为集团董事长。

何享健的子女选择不接手父亲的事业，并非因为与父亲之间存在矛盾冲突，而是不愿意生活在父亲的庇护下。特别是何享健之子何剑锋，其经营理念与父亲存在较大差异，并且他在自己的专业领域内取得了极为显著和卓越的成就。

针对子女接班意愿较低的问题，家族企业管理者应加强与子女之间的沟通。可以从子女的教育和成长阶段开始，注重培养他们对家族企业的认同感和责任感。通过让子女参与企业的日常经营活动、组织家族企业培训课程、邀请子女参加企业重要会议等方式，让他们了解家族企业的历史、文化和价值，激发他们的接班兴趣。

同时，家族企业管理者可以提供丰富的职业发展机会，鼓励子女在企业中发挥自己的才华和创造力。例如，可以鼓励子女在其他企业中实习或工作一段时间，以积累不同的经验和行业知识。同时，家族企业管理者可以为子女设立创新项目或新业务部门，让他们有机会发挥自己的才能和创造力。

家族企业管理者还可以考虑引入外部人才，为企业的持续发展注入新的活力和创意。职业经理人通常具有丰富的管理经验和专业知识，能够为企业带来新的发展思路和机遇。在引进职业经理人的同时，企业应建立完善的选拔机制和激励机制，以确保职业经理人的忠诚度和敬业精神。吸引和留住优秀的职业经理人和专业人才，可以有效解决子女接班意愿低的问题，确保企业的稳定和持续发展。

综上所述，子女接班意愿不强、企业无人继承是家族企业需要面对的现实问题。通过加强与子女的沟通、提供职业发展机会及引入外部人才等措施，家族企业可以积极应对这一挑战，实现企业的传承与发展。

7.5 预防债务危机，避免家财两空

债务危机如同潜伏在暗处的猛兽，一旦爆发，可能使家族陷

入家财两空的绝境。因此，家族企业应高度重视风险控制，未雨绸缪，预防债务危机。

债务危机产生的原因如图 7-1 所示。

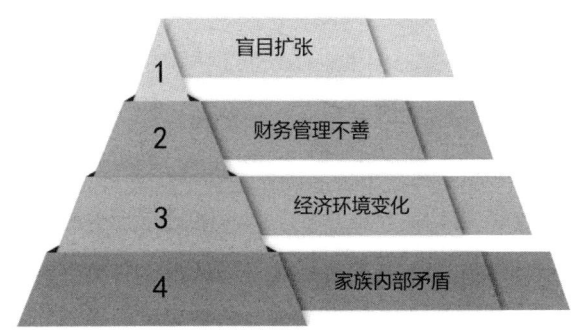

图 7-1 债务危机产生的原因

1. 盲目扩张

在发展过程中，家族企业会进行扩张。为了迅速扩大规模、占据更大市场份额，企业可能会投入大量资金进行投资和并购。如果缺少充分的市场调研和周密的战略规划，这种盲目扩张可能会导致资金链紧绷。新项目可能无法按时产生预期效益，而原有业务可能因资金被转移而发展受阻，最终引发债务危机。

2. 财务管理不善

许多家族企业在财务管理方面存在缺陷。一方面，缺乏专业的财务人员和完善的财务管理制度可能导致账目混乱和成本核算不精确。另一方面，对资金使用的监控不足，资金流向模糊不清，容易导致资金被挪用或浪费。此外，不合理的融资结构可能提高企业的债务风险。例如，过度依赖短期借款，在市场环境发生变化时，企业可能面临巨大的还款压力。

3. 经济环境变化

经济衰退、行业竞争加剧、政策调整等都可能对企业运营产生负面影响。在经济下行期，市场需求减少，企业销售收入下降，而成本却难以迅速降低，这可能导致利润减少甚至亏损。同时，银行和其他金融机构可能会收紧信贷政策，使企业融资变得更加困难，从而进一步加剧债务危机。

4. 家族内部矛盾

家族企业的一个显著特点是家族成员参与企业的经营管理。家族内部的矛盾和纷争可能影响企业的决策和运营。例如，家族成员在企业战略、财务管理等方面的意见分歧可能导致决策延迟或错误。此外，家族成员个人利益与企业利益的冲突也可能引发财务风险，增加债务危机的可能性。

家族企业防止债务危机发生的措施如图 7-2 所示。

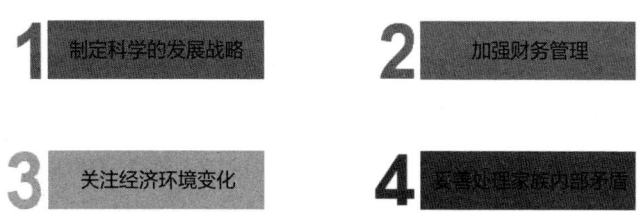

图 7-2　防止债务危机发生的措施

1. 制定科学的发展战略

家族企业应依据自身实力与市场环境，制定科学的发展战略。在扩张前，家族企业应进行详尽的市场调研与风险评估，确保新项目既可行又具盈利潜力。同时，家族企业应专注于核心业务的发展，提升核心竞争力，避免无序的多元化。此外，企业还应构建灵活的战略调整机制，依据市场变动及时调整发展战略，以降低经营风险。

2. 加强财务管理

（1）建立完善的财务管理制度。聘请专业的财务人员，制定规范的财务流程和制度，确保账目清晰、成本核算准确无误；加强资金预算管理，合理规划资金用途，以提升资金使用效率。

（2）优化融资结构。根据实际情况，选择恰当的融资方式和渠道；避免过度依赖短期借款，适当增加长期借款和股权融资的比例，以降低融资成本和债务风险；加强与银行等金融机构的合作，确保在有资金需求时能够及时获得融资支持。

（3）加强成本控制。通过优化生产流程、降低采购成本、提高管理效率等手段，降低运营成本；在确保产品质量和服务水平的前提下，提升盈利能力，增强偿债能力。

3. 关注经济环境变化

家族企业应密切关注宏观经济环境的变化，并及时调整经营策略。在经济下行期，家族企业应采取保守的经营策略，减少投资和扩张，加强成本控制，增加资金储备。

4. 妥善处理家族内部矛盾

（1）建立健全的家族治理机制。明确家族成员在企业中的角色和职责，制定企业章程和决策机制，避免家族内部矛盾影响企业的经营管理。

（2）加强家族成员之间的沟通和协调。通过定期召开家族会议，增进家族成员之间的感情和信任，提高家族的凝聚力。同时，尊重家族成员的意见和建议，鼓励他们为企业的发展出谋划策。

（3）建立合理的利益分配机制。明确利益分配方式，避免因利益分配不均引发矛盾。同时，将家族成员的个人利益与企业利益紧密结合，激励家族成员为企业的发展贡献力量。

总之，家族企业要充分认识到债务危机的严重性，采取有效的风险防控措施，以防止债务危机的发生，避免因债务危机陷入家财两空的境地。

7.6 集团内乱：覆巢之下安有完卵

《世说新语·言语》中有一句话：覆巢之下，安有完卵。这句话的意思是：整体覆灭，个体也难以幸免于难。

在现代商业领域，这句话同样适用。例如，在家族企业集团遭遇困境时，家族中的每位成员都会受到波及，未来的稳定和发展都会受到严重的影响。

近年来，一些大型家族企业集团因为内部矛盾、管理混乱而爆发了严重的内乱，给企业带来了巨大的损失，甚至导致企业倒闭。

A集团曾是房地产领域的领军者，因高速扩张和复杂资本运作而备受关注。A集团涉足房地产开发后，凭借精准定位和大胆投资，在房地产市场崭露头角。通过高杠杆经营模式，A集团在住宅、商业地产、文旅等领域取得显著成绩。随着其规模不断扩大，

第7章 风控机制：最大化控制风险

A集团形成以房地产开发为主，涵盖金融、汽车、健康等产业的庞大商业帝国。

A集团的快速扩张具有明显的高风险特征。其采用的高负债、高周转运营模式，虽然在一定程度上推动了企业的快速发展，但也使得其资产负债表尤为脆弱。A集团还涉足一些非主营业务，如新能源汽车、足球等，导致其精力和资源分散，财务风险增加。

随着相关部门对房地产市场调控和监管的加强及市场环境的变化，A集团面临资金链紧张的问题。而且，其销售额大幅下滑，现金流状况急剧恶化。在流动性危机下，A集团内部矛盾凸显，权力斗争和利益冲突加剧，不同派系开始争夺资源和控制权。

在内乱中，决策的效率大打折扣。各方为了维护自身的利益，难以形成统一的决策方向，导致许多重要事项被搁置或拖延。同时，员工的士气受到了极大的影响，他们对企业的未来充满担忧，工作积极性和创造力大幅下降。

A集团的内乱不仅影响了企业的内部运营，也让外界对其信心进一步减弱。投资者纷纷撤离，合作伙伴也变得谨慎起来。

集团内乱产生的影响是多方面的。对集团而言，内乱严重削弱了企业的决策效率和执行力。资源被不同派系争夺，无法进行合理有效配置，导致企业在应对市场变化和危机时反应迟缓。同时，品牌形象受损，市场竞争力急剧下降，合作伙伴和投资者信心丧失，进一步加剧了企业的困境。

对员工来说，工作稳定性受到极大冲击，面临裁员风险，士气低落，对未来感到迷茫。员工职业发展前景不明朗，工作积极性大打折扣。

对家族成员来说，集团内乱可能导致家族成员之间关系紧张甚至破裂。家族成员在企业中的利益难以平衡，财富面临大幅缩水的风险。

想要预防内乱，家族企业集团可以采取以下几项措施，如图7-3所示。

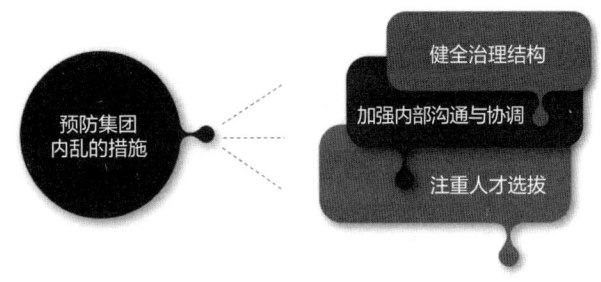

图7-3 预防集团内乱的措施

（1）健全治理结构。集团应该建立健全治理结构，明确各部门的职责和权限，以防止权力滥用和腐败现象的发生。

（2）加强内部沟通与协调。集团应及时解决员工之间的矛盾和纠纷，以维护集团的团结和稳定。

（3）注重人才选拔。集团还应该注重培养和选拔优秀的人才，以提高集团的整体素质和竞争力。

在现代商业社会中，集团内乱已经成为一个不容忽视的问题。家族企业集团应该从已有的案例中吸取教训，加强集团内部管理，完善治理结构，预防可能出现的矛盾和冲突。只有这样，才能确保集团的稳定和发展，为社会创造更多的价值。

7.7 关联企业：辅车相依，唇亡齿寒

在当今复杂多变的商业环境中，家族企业与关联企业之间的关系恰如"辅车相依，唇亡齿寒"所描述的那样，相互依存，共同进退。这种关系不仅关乎家族企业的经济利益，更涉及其长远发展、文化传承及社会责任的履行。

家族企业与关联企业之间相互依存，体现在多个方面。

（1）资源共享。家族企业和关联企业之间经常共享资源，包括资金、技术、人才、市场信息等，以实现资源的最优配置和利用。

（2）业务协同。它们在业务上相互支持，共同开拓市场，形成协同效应，提升整体竞争力。

（3）品牌与信誉的联动。家族企业的品牌和信誉往往会影响其关联企业的市场表现，反之亦然。

此外，家族企业和关联企业一荣俱荣、一损俱损。如果其中一方出现问题或遭遇困境，另一方也会受到牵连和影响。

（1）信誉影响。如果关联企业出现负面新闻或经营不善，可能会损害家族企业的声誉和形象，进而影响其市场表现和品牌价值。

（2）财务影响。家族企业和关联企业之间的经济联系往往非常紧密，一方的财务困境可能会通过资金链、担保关系等方式传导给另一方，导致双方共同陷入财务危机。

（3）战略影响。家族企业和关联企业在战略上往往有着共同

的目标和规划,如果其中一方无法达成预期目标或调整战略方向,可能会对整个企业集团的战略布局产生影响。

例如,李氏家族掌管着一家规模庞大的制造业巨头——A公司。在发展过程中,李氏家族相继创立了负责原材料供应的B公司、负责物流运输的C公司及负责产品销售的D公司。这些企业之间相互依存,共同构筑了李氏家族的商业帝国。

在早期阶段,各个关联企业之间协作得天衣无缝。B公司为A公司提供稳定且高品质的原材料,保障A公司产品的生产质量和成本效益。C公司高效的物流服务确保A公司产品能够迅速地送至客户手中,从而提升了客户满意度。而D公司则依靠其专业的销售团队和广泛的销售网络,大力推广A公司的产品,不断拓展市场份额。

然而,随着市场竞争的加剧和经济环境的波动,A公司的一个关键决策出现失误,盲目地扩大了生产规模,导致产品库存积压,资金回流受阻。

A公司的危机迅速波及其关联企业。由于A公司无法按时支付原材料费用,B公司的资金链变得紧张,难以维持正常的原材料采购和生产活动。C公司因业务量急剧减少而收入大幅缩水,不得不裁员以降低运营成本,而这直接导致服务质量下降。D公司由于A公司产品积压,缺乏新产品供应,市场竞争力减弱,销售额急剧下降。

上述案例揭示了家族企业与关联企业间风险共担、命运相连的关系。家族企业和关联企业需要建立风险防控机制,加强信沟通，共同制定应对策略。同时，它们还需要在战略规划上保持高度一致，以确保双方的发展方向和利益诉求相互契合，从而避免出现内部矛盾和利益冲突。

7.8 挪用资金酿成大祸

挪用资金事件的发生，暴露了企业内部控制机制的漏洞。一些企业在快速发展过程中，忽视了内部控制体系的建设，导致资金管理混乱，为挪用资金行为提供了可乘之机。

蔡达标挪用资金是一起典型的家族企业内部管理失控和权力滥用的案例。蔡达标是真功夫的创始人之一，2009—2010年，他利用职务之便，单独或伙同他人，通过虚构交易合同和工程支出等方式，非法侵占、挪用真功夫公司的巨额资金。具体违法行为包括虚构与广州天河金培商务咨询中心、东莞市思远电脑科技有限公司等公司的交易合同，将公司资金转至这些虚构的或受其控制的账户，用于个人使用或偿还私人债务。

2011年3月17日，蔡达标因涉嫌职务侵占罪、挪用资金罪而被采取强制措施。4月22日，蔡达标被抓获归案。2012年8月31日，广州市天河区人民法院依法公开审理蔡达标职务侵占罪、挪用资金罪一案。

2013年12月12日，一审判决蔡达标犯职务侵占罪和挪用资金罪，两罪并罚判处有期徒刑14年，并处没收个人财产100万元。蔡达标不服提起上诉，2014年6月，广州市中级人民法院作出二审判决,维持了一审法院对蔡达标的定罪和量刑。

蔡达标挪用资金的行为给真功夫带来了极其严重的后果。在企业内部,这一行为严重破坏了真功夫的内部管理和治理结构。公司的正常运营受到极大的干扰,资金被挪用导致许多重要项目无法顺利推进,影响了企业的发展战略。同时,也损害了公司的利益和股东的权益,引发了家族内部纷争和权力斗争。原本团结的家族成员,因为这一事件而分崩离析。

从外部来看,该案在社会上引起了广泛关注。它暴露了家族企业在管理上的漏洞和风险,让人们看到了家族企业在权力制衡、财务监管等方面存在的薄弱环节。对其他家族企业来说,该案具有一定的警示作用,提醒其他家族企业要加强内部管理和监管机制建设,建立健全的财务制度和审计制度,明确职责分工,加强对权力的监督和制约。

同时,家族企业也应该注重企业文化的建设,培养家族成员和员工的法律意识和职业道德,避免因个人私欲而损害企业的整体利益。

家族企业在发展过程中,必须时刻保持警惕,加强风险防范,规范管理行为。只有这样,家族企业才能在激烈的市场竞争中持续发展,实现家族的传承和企业的繁荣。

第 8 章

家族办公室：高净值家族必备品

作为私人财富管理的最高端形式，家族办公室不仅是一个财富增值的平台，更是一个家族价值观和文化的守护者。它通过量身定制的服务，满足家族的多元化需求，帮助家族实现跨代传承与社会责任的平衡。

从诞生到成熟，家族办公室的模式日益丰富，包括外置式、内置式及虚拟家族办公室等，每一种模式都承载着独特的治理理念与优势。本章将深入探讨家族办公室的职能、治理模式及像比尔·盖茨家族那样的成功案例，揭示家族办公室如何以其独特的价值成为高净值家族财富管理与传承的智慧之选。

8.1 每一个高净值家族都需要一个家族办公室

在纷繁复杂的商业世界中，高净值家族如何维持自己的财富与地位，确保家族的繁荣与传承？答案便是拥有一个专业的家族办公室。家族办公室不仅是一个财富管理的平台，更是家族精神与文化的汇聚地。

1868 年，美国银行家托马斯·梅隆设立了梅隆家族办公室。

此后，随着全球经济的发展和财富积累的加速，家族办公室逐渐成为高净值家族进行财富管理的重要工具。全球家族办公室的发展主要经历了以下几个阶段，如图8-1所示。

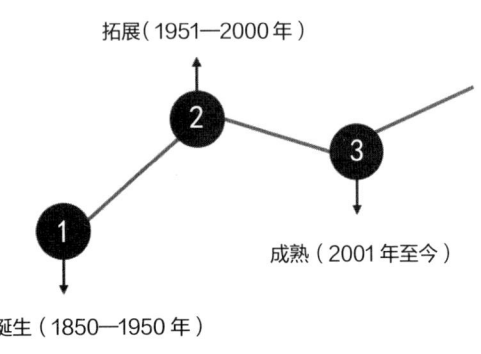

图 8-1　全球家族办公室经历的发展阶段

1. 诞生（1850—1950 年）

在这个阶段，随着工业革命的开展和资本主义的兴起，私人财富积累达到了前所未有的水平。家族办公室的雏形开始出现，主要服务于少数富有的家族，提供财务记录、资产管理和投资咨询等基本服务。此时的家族办公室多是为单一家族服务的私人机构。

2. 拓展（1951—2000 年）

在这一阶段，经济的快速增长和全球化进程的加快为家族办公室的发展提供了广阔的空间。家族办公室开始提供更加专业和多元化的服务，包括税务规划、遗产规划、家族治理、法律架构咨询等。此外，单一家族办公室逐渐扩展其服务范围，开始为其他家族提供专业服务，进而发展成为联合家族办公室。

3. 成熟（2001年至今）

进入21世纪，全球财富管理市场竞争激烈，家族办公室的服务日趋专业化和个性化。家族办公室开始采用先进的技术手段（如信息技术、人工智能等）来提升服务效率和质量。同时，家族办公室也面临着新的挑战，如跨代财富传承、家族企业治理等。在这个阶段，家族办公室不断创新，以满足客户日益增长的需求。

家族办公室的核心优势在于其高度定制化的服务模式。与传统财富机构相比，家族办公室更注重为单一家族或少数家族提供个性化服务。家族办公室的核心价值体现在以下几个方面。

首先，家族办公室有助于实现家族财富的长期稳健增值。通过深入研究市场动态和资产配置策略，家族办公室为家族量身定制投资策略，以应对经济周期的波动和风险。这种长期视角的投资方式有助于确保家族财富的稳定增长。

其次，家族办公室有助于传承家族精神与文化。通过制定家族宪章、组织家族会议，家族办公室能够传承家族的核心价值观，增强家族的凝聚力和向心力。

再次，家族办公室还能为家族提供全方位的风险管理服务。在复杂的商业环境中，家族面临着各种潜在的风险，如法律风险、税务风险、声誉风险等。通过制定专业的风险评估和应对机制，家族办公室能够帮助家族有效规避和应对这些风险。

最后，家族办公室在慈善事业中发挥着重要作用。如今，越来越多的高净值家族更加关注社会责任和慈善事业，通过家族办公室来管理慈善基金，以实现家族财富增长与社会价值贡献的统一。

未来，随着高净值家族增多，家族办公室的服务将更加个性化，以满足不同家族的独特需求。同时，随着数字化技术的不断渗透，家族办公室正逐步迈向数字化转型的新阶段。未来，数字化转型将成为家族办公室提升运营效率、降低运营成本的重要途径，为家族财富的传承与发展提供更为高效、便捷的服务。

8.2 家族办公室是根据家族情况量身定制的

每个家族都有其独特的历史、价值观、资产状况和发展目标，家族办公室能够依据这些因素并结合家族财富管理和传承的需求，为家族量身定制一套全面、个性化的解决方案。除核心的投资管理服务外，家族办公室还会关注客户的非投资需求，如养老服务、教育规划、家族治理等。

家族办公室提供的服务具有个性化、定制化的特点，主要体现在以下几个方面。

首先，在最核心的投资方面，家族办公室会根据家族的风险承受能力、投资期限和预期回报目标，为家族制定个性化的投资策略。如果家族成员对环保或可持续发展有兴趣，家族办公室还可以在投资组合中加入相关的绿色投资或社会责任投资项目。

其次，家族办公室可以协助家族规划和实施财富的跨代传承，确保家族财富能够按照家族的意愿和愿景顺利传递给后代。在家族财富传承的进程中，家族办公室始终致力于提供一系列精心设计的财富与投资管理服务。针对拥有众多子女的大家族，家族办公室能够灵活运用遗嘱、保险、境内外信托、基金会等多样化工具，以确保家族资产和利益的合理分配，从而有效减少内外部的继承风险，保障家族财富稳健传承。

例如，双湖资本是龙湖集团吴氏家族的家族办公室，通过实施债权投资、基金投资及直接股份投资等核心策略，成功获取了可观的投资回报。龙湖地产的创始人及其前夫分别建立了家族信托，将各自的股权合理转让给第三方家族办公室，以此规避因婚姻变动可能对企业造成的潜在风险。

最后，在家族治理方面，家族办公室可以协助家族制定家族宪章，明确家族成员的权利和责任，以及家族内部的决策机制，从而促进家族内部的和谐与稳定。

例如，立白集团的陈氏家族不仅精心策划并制定了详尽的家族宪法，而且在此基础上更进一步，成立了专业化的治理机构。这一治理机构以家庭成员为核心主体，由家族理事会、传承委员会及家族委员会等多个重要组织单元共同构成。为确保决策的科学性与公正性，陈氏家族还设立了一套严谨且周密的投票机制与晋升机制。在此框架下，家族成员不仅需要定期就工作情况及公司运营状况进行述职，还需就家族事务进行特别报告。

为激励家族成员更好地履行职责，陈氏家族还设立了一系列奖励机制，特别关注家族传承与家庭成员间的相互关怀。每月定期召开的家族会议，不仅聚焦于工作事务，还对家族治理的完善、下一代的培育等重要问题进行深入探讨。

正是由于这种制度化的管理安排，陈氏家族不仅成功构建了独具特色的家族文化，还为家族成员提供了一个开放、透明的沟通平台，使得第一代与第二代在观念上的差异得以公开讨论，从而有效降低了家族成员间的沟通成本。

总之，家族办公室通过提供个性化的服务，帮助家族实现财富管理与家族实物管理的目标，同时确保家族的长期利益和家族价值观得到传承与维护。

8.3　模式一：外置式家族办公室

外置式家族办公室是一个独立于家族企业之外的企业主体，具备自主经营与决策的能力。外置式家族办公室虽然与家族企业在业务或金融上有一定的联系，但很少介入家族企业经营。

例如，MSD 是戴尔家族的家族办公室，能够帮助迈克尔·戴尔对家族资产进行集中高效管理与优化，进而构建多元化、多产业的投资组合。作为外置式家族办公室，MSD 不介入戴尔公司的日常运营活动，而是充当家族与企业之间的桥梁。除将部分利润用于资助家族基金会外，MSD 对戴尔家族事务保持中立态度，避免进行任何形式的干涉。

再如，美的集团创始人何享健之子何剑锋掌管的盈峰资本，可以视为美的集团的外置式家族办公室。在不断推动传统产业领域实现稳步向前发展的进程中，美的集团始终坚定地恪守"去家族化"的核心理念，并展现出勇于担当的精神，将权力赋予那些具备高度专业素养和能力的外部职业经理人。此举不仅体现了美的集团对现代化管理理念的深入贯彻，更彰显了其提升企业治理水平、促进企业长远发展的坚定决心。

何享健家族在保持主营业务线稳健发展的同时，积极投身于金融领域的投资布局，通过一种相对低调的方式，在实体企业之外设立由家族控股的私人投资公司、投资基金或其他投资主体，旨在对其多年经营所积累的财富进行科学有效的投资管理，以实现资产保值与增值。

作为美的集团的外置式家族办公室，盈峰资本不仅实现了家族资产的多元化配置，也确保了家族对美的集团的战略影响保持在合理范围内。盈峰资本专注于资本运营和投资管理，通过专业的投资团队和策略，为家族带来了稳定的收益，同时降低了家族依赖单一产业可能引发的风险。

美的集团所采用的家族财富管理模式，通过精心设置家族资产与企业资产的有效隔离机制，在主营业务之外积极拓展多元化投资布局，实现与家族企业的并行运作，且已形成相当规模。这种管理模式不仅确保了家族财富的安全与稳定，更满足了家族对长期财富保值增值的迫切需求。

外置式家族办公室的优势在于其独立性和专业性。通过独立的组织架构和运营模式，外置式家族办公室能够更好地保护家族隐私和资产安全，同时实现灵活、多元化的资产配置。此外，外置式家族办公室还能通过引入外部专业人才，提升家族资产管理水平和投资效率。

家族成员需要充分认识到外置式家族办公室的独立性和专业性，避免对其进行过多干预和影响。而外置式家族办公室需要不断完善自身的治理结构和风险控制体系，以确保资产的安全和稳定增值。此外，外置式家族办公室还需要与家族企业保持良好的沟通和合作关系，共同推动家族事业的持续发展。

总之，外置式家族办公室作为一种有效的家族资产管理方式，为家族提供了更加专业、独立的资产管理和投资服务。通过不断完善自身建设和提升管理水平，外置式家族办公室将在家族财富传承和发展方面发挥更加重要的作用。

8.4 模式二：内置式家族办公室

与外置式家族办公室相反，内置式家族办公室是设立在家族企业内部的一个专门处理家族事务的部门，通常由家族成员负责运营。

例如，三星集团秘书室是内置式家族办公室的典型代表，其举足轻重的地位源于其在集团内部的核心职能及对家族事务的深度介入。其职责重大，对集团的运营和家族事务的决策具有重要影响。

三星集团秘书室以其核心决策职能和高效执行能力而著称。作为管理庞大集团的核心机构，秘书室肩负着确保三星各分/子公司能够从家族长远发展的视角出发，作出有益于企业整体发展的战略决策的重要职责。作为一个高效运转的内置式家族办公室，三星集团秘书室致力于提升决策执行的效率,从而推动三星集团的稳健发展和持续繁荣。

作为一家公众公司,三星集团的投资和运营活动常常因股东追求短期利益最大化而受到影响。同时,在激励机制的作用下,职业经理人也倾向于追求短期的业绩增长。在这样的情况下,企业面临困境时难以快速作出最优决策。作为三星集团控股家族的代表,三星集团秘书室在集团股权结构和经营结构搭建方面扮演着重要的角色。

具体而言,无论是从集团的交叉持股结构出发,还是从经营管理的层面来看,三星集团的控制权和执行权均集中在会长手中。这种权力结构在一定程度上影响了企业的决策效率和灵活性,但也确保了决策的一致性和稳定性。会长基于集团的整体利益,精心确定战略方向,秘书室则负责合理分配资源,而子公司的职业总经理则负责贯彻执行,以确保各项工作顺利实施。

三星集团秘书室的存在对提升三星的决策速度起到了至关重要的作用。三星集团的子公司遍布全球且地理布局分散,给集团快速统一决策带来了不小的挑战。秘书室凭借其拥有的金融资源和人事决策权,能够助力提升决策速度。它确保了三星集团的执行速度,从而成为集团保持整体竞争优势的关键要素之一。

三星集团秘书室还可以守护家族的荣誉。在三星汽车的事业陷入低谷时,三星集团家族办公室极力维护三星会长的形象,使其避免陷入经营失策的尴尬局面。

然而,内置式家族办公室也有其局限性。具体而言,三星集团秘书室高度集权，无形中给三星集团的各子公司带来了沉重的压力。在没有第三方监督的情况下，三星集团秘书室官僚主义盛行，削弱了子公司的决策能力、自主创新能力和参与市场竞争的活力。

此外，三星集团秘书室在集团决策和资源分配方面扮演着核心角色，由于权力高度集中，一旦集团秘书室决策失误或管理不善，可能会对整个三星集团产生严重的负面影响。同时，家族成员之间的利益纷争也可能影响到秘书室决策的公正性和资源分配的合理性。

8.5 模式三：虚拟家族办公室

为解决运营单一家族办公室所面临的成本问题，特别是在投资者需求日益增长，需要庞大的专业团队提供全方位服务的情况下，一些新的替代方案浮出水面，如虚拟家族办公室。这一方案能够将具有不同才能的各行各业的专业人士汇聚到一起，提供一个全面的家族办公室解决方案。

虚拟家族办公室利用互联网、云计算、大数据等先进技术，将传统家族办公室的服务进行数字化和网络化，为客户提供远程、高效、个性化的财富管理服务。虚拟家族办公室可以作为一个独立的机构来运营，也可以由多个专业机构合作组成，通过在线平台为客户提供一站式的财富管理解决方案。

虚拟家族办公室是围绕富裕的个人或家庭设计和构建的，通常比联合家族办公室定制化程度更高。在通常情况下,虚拟家族办公室通过战略外包和服务客户的理念,为家庭和个人提供多样化的定制服务。

虚拟家族办公室的优势主要体现在以下几个方面,如图8-2所示。

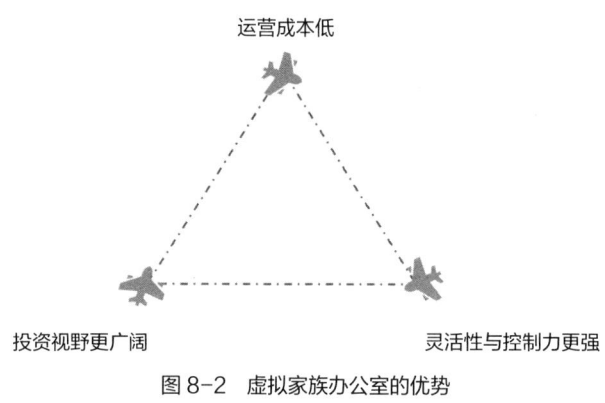

图8-2 虚拟家族办公室的优势

1. 运营成本低

虚拟家族办公室通过集合众多服务模块,如家族治理、资产管理、继任规划等,搭建成一个共享资源平台。这种集中化的管理模式能够充分利用各模块的专业优势,避免家族内部需要组建庞大且成本高昂的团队,从而显著降低运营成本。

2. 灵活性与控制力更强

随着时光的流逝、家族事务的增多及家族内部结构的动态调整,家族的投资偏好势必会经历一系列的变化。

单一家族办公室和多家族办公室的运营团队管理往往给家族

带来诸多困扰,尤其是在人员流动和人员素质方面。虚拟家族办公室则为家族提供了更为广泛和灵活的选择空间。虚拟家族办公室通过在全球范围内筛选和组建适合家族办公室结构的团队,能够确保家族在对团队进行有效控制的同时,享受到更为专业和高效的服务。

3. 投资视野更广阔

在投资运作上,家族办公并不仅仅依赖家族内部的首席投资官,而是拥有在全球范围内筛选并采纳最优质、最具潜力的投资组合的能力,以确保家族能够在不同国家间灵活且有效地进行资产配置,实现资产的保值增值。

综上所述,作为一种创新的家族办公室解决方案,虚拟家族办公室具有运营成本低、灵活性与控制力更强、投资视野更广阔等优点。随着富裕家庭和个人对家族传承规划需求的不断增长,虚拟家族办公室有望在未来得到更广泛的应用。

8.6 家族办公室的职能

从本质上来看,家族办公室是高净值家族在财富管理与代际传承过程中所采用的一种专业化工具。家族办公室的职能主要是围绕家族财富和家族成员展开的,它为家族提供全方位的服务与支持。家族办公室的核心任务与主要目标是投资管理,旨在确保家族财富的长期稳健保值与增值。

家族办公室不仅专注于投资与资金的管理,还承担多元化的服务职能，涵盖税务咨询、法律事务等领域，以全方位支持家族财富有序传承。

家族办公室主要负责管理以下4类资本，如图8-3所示。

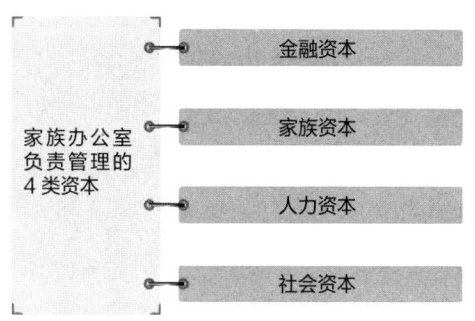

图 8-3　家族办公室负责管理的4类资本

1. 金融资本

家族办公室在金融资本管理上扮演着至关重要的角色。它负责家族的资产配置，通过深入了解家族的风险偏好和投资目标，为家族提供个性化的投资方案。家族办公室不仅要关注资产的短期增值，更要考虑资产的长期保值和稳健增长。为实现这一目标，家族办公室需要运用专业的投资知识和经验，对市场进行深入研究，寻找具有潜力的投资机会，并合理配置资产，以分散风险，提高收益。

2. 家族资本

家族办公室承担了守护家族资本的职能，不仅涵盖制定家族宪法、召开家族大会等关键的家族治理活动，还涉及档案管理、管家服务等日常运作事务。对在全球范围内拥有众多住宅、艺收藏品、私人飞机的显赫家族而言，其衣食住行等日常生活需求均依赖家族办公室进行高效且精准的管理。

3. 人力资本

家族办公室在人力资本的管理上同样发挥着重要作用。它关注家族成员的职业发展和个人成长，为他们提供全方位的支持和帮助。通过提供职业规划、教育和培训等服务，家族办公室能够帮助家族成员不断提升自身的能力和素质，为家族的未来发展培养更多的人才。

此外，家族办公室还关注家族企业的人力资源管理。通过优化人力资源配置，提升员工的工作积极性和满意度，家族企业可以稳定地运营和发展。家族办公室可以与人力资源部门密切合作，共同制定和执行人力资源战略，为家族企业的可持续发展提供有力保障。

4. 社会资本

在社会资本的管理上，家族办公室扮演着桥梁和纽带的角色。它负责维护和拓展家族的社会关系网络，为家族成员搭建一个广阔的人际交往平台。通过组织各类社交活动和慈善活动，家族办公室能够帮助家族成员结识更多的朋友和合作伙伴，为家族的未来发展积累更多的社会资源。

同时，家族办公室还需要关注家族企业在社会上的形象和声誉。通过积极参与社会公益活动、履行社会责任，家族企业可以树立良好的社会形象，赢得公众的尊重和信任。这有助于提升家族企业的品牌价值和市场竞争力，为家族的长期发展奠定坚实的基础。

通过对这4大资本进行综合管理，家族办公室可以帮助家族实现财富的长期积累和家族成员的全面发展，维护家族的和谐稳定，提升家族的社会影响力。

8.7 家族办公室的治理模式

作为与超高净值家族联系较为紧密的机构，家族办公室在家族决策体系中占据核心地位。家族成员的财务安排、安全保障等多元化需求，以及家族企业的稳健发展，均离不开家族办公室的高效管理和精心规划。家族办公室的治理模式主要有以下几种，家族可根据自身实际情况和具体需求合理选择。

1. 家族控股、家族管理的单一家族办公室

在这种模式下，家族办公室负责家族成员的财务规划、税务筹划及安全保障等事务，以确保家族成员的需求得到满足。

家族办公室主要由家族成员直接控制和管理，以确保家族的利益得到最大化的保护。家族成员往往在家族办公室中担任首席执行官、投资经理等核心职务，以确保投资决策能够紧密契合家族的长期发展目标并推动其得以实现；确保家族资产得到妥善管理，同时与家族整体战略方向保持一致性。

但这种治理模式存在一定的局限性。例如，家族成员缺乏专业的金融知识和经验，导致投资决策不够明智，甚至给家族财富带来损失。因此，在这种模式下，家族成员需要积极寻求外部专

业顾问的协助，以弥补自身的不足。

2. 家族控股、职业经理管理的单一家族办公室

在这种模式下，家族办公室虽然仍由家族控股，但其具体的日常管理和运营则交由专业的职业经理人来负责。职业经理人通常具有丰富的金融和管理经验，能够为家族作出更为专业和稳健的投资决策。同时，他们还能够有效地协调家族成员之间的利益诉求，以确保家族财富的增值和传承。

3. 职业经理控股、家族管理的单一家族办公室

在这种模式下，家族办公室的管理权由专业的职业经理团队掌控，而家族成员则更多地负责监督和指导。职业经理团队负责家族办公室的日常运营和投资决策，以确保家族财富的稳定增长。家族成员则通过定期会议和审查等方式，对家族办公室的工作进行监督和评估，确保家族利益得到最大限度的保障。

这种治理模式有助于避免家族成员因缺乏专业知识而作出错误的投资决策，同时能够确保家族办公室的运营更加专业和高效。但这种治理模式需要家族成员和职业经理团队之间建立起充分的信任和合作关系，以确保家族办公室的治理能够顺利进行。

4. 职业经理控股、职业经理管理的单一家族办公室

在这种模式下，家族办公室由职业经理控股、职业经理管理，仅为一个家族服务。德国邓克曼家族办公室是这一模式的典型代表。在股权上，邓克曼家族办公室由拉尔夫全资持有。在管理层面，拉尔夫全权决定邓克曼家族办公室的治理结构与人员任命的决策工作。作为一个单一家族办公室，邓克曼家族办公室的职责范围几乎覆盖了家族的全部金融资产,并与其所服务的家族保持着合同制的紧密关系。

5. 家族控股、家族管理的联合家族办公室

此类家族办公室指由一个家族创办,后期对其他家族逐步开放。一般出现在具有相关产业或有相同背景的关联家族之中。

6. 家族控股、职业经理管理的联合家族办公室

在这种模式下,联合家族办公室由多个家族共同控股,但具体的日常管理和运营工作则交给专业的职业经理团队来负责。这样的安排确保了家族办公室在决策时能够充分考虑各个家族的利益和需求,同时避免了因家族成员间出现意见分歧而导致决策延误或失误。洛克菲勒家族办公室便是这一模式,职业投资人以投资组合的方式,对多家家族基金进行共同管理。

7. 职业经理控股、家族管理的联合家族办公室

在这种模式下,联合家族办公室由职业经理控股,家族成员在管理层中担任角色,如 CEO、总裁等。家族在管理层中保持一定的影响力,以确保家族办公室的决策能够充分考虑家族的价值观、目标和长远利益。

8. 职业经理控股、职业经理管理的联合家族办公室

在这种模式下,联合家族办公室的管理和运营完全由职业经理团队负责。职业经理通常具有丰富的投资和管理经验,能够对家族的资产情况进行综合分析和配置,实现家族财富的最大化增值。同时,家族成员不直接参与管理,有助于避免家族内部可能出现的利益冲突和纷争。

总之，家族办公室的治理模式没有绝对的优劣之分，只有适合与不适合。家族应根据自身的情况和需求，谨慎选择合适的治理模式，以实现家族财富的长期稳定传承和家族的可持续发展。在不断变化的经济环境中，家族办公室也需要不断创新和完善治理模式，以适应家族的发展和变化。

8.8 比尔·盖茨的家族办公室

从1987年福布斯榜单出现开始，有一半的年份，比尔·盖茨都作为首富占据榜首。他能够长期保持世界首富的地位，得益于其良好的家族财富管理。

比尔·盖茨是第一代创业家中的典范，其早期的财富积淀主要源自微软公司的卓越表现。为了实现对家族财产的有效管理与增值，1994年，比尔·盖茨聘请迈克尔·拉尔森筹建并管理家族办公室——瀑布投资。

此后，瀑布投资便成为比尔·盖茨家族财富管理的核心工具，且在随后的数十年间，持续发挥着举足轻重的作用。经过瀑布投资的精细化运作，比尔·盖茨的个人财富实现了显著增长，身价增长幅度高达近290倍。

瀑布投资的核心目标在于实现投资多元化，以降低比尔·盖茨单一押注科技行业可能引发的风险。瀑布投资在财富管理与慈善事业两大核心领域均发挥着举足轻重的作用，为比尔·盖茨家族的财富增值提供了有力支撑。

第 8 章 家族办公室：高净值家族必备品

比尔·盖茨的财富管理体系采用 3 个核心管理主体，即比尔与梅琳达·盖茨基金会、比尔与梅琳达·盖茨信托基金及瀑布投资，以实现对其家族实业资本、金融资本及社会资本的全面、系统性管理与覆盖。

比尔·盖茨长期持有微软公司的股票，并将所得收益悉数注入瀑布投资及盖茨信托基金。为确保资金的安全与增值，拉尔森负责管理这两项重要的投资与基金。此种策略的应用使得比尔·盖茨在应对市场风险时，相较于其他科技界富豪，所遭受的损失相对较小。

拉尔森能够担任比尔·盖茨家族办公室及比尔与梅琳达·盖茨基金会、比尔与梅琳达·盖茨信托基金两大基金的管理人，是因为其拥有独特的投资风格。

拉尔森秉持稳健的投资理念，强调长期持有、维持较低换手率的重要性，以确保投资组合的稳定性和可持续性。他注重风险控制和资产配置，通过深入研究和分析市场动态，精选具有潜力的投资标的，以实现长期稳定的投资回报。

同时，拉尔森的投资策略还体现出多元化的特点。他通过平衡微软股票的震荡，有效分散了风险。盖茨基金会和私人资产投资组合以债券为主，涵盖私募基金、期货、房地产、酒店等多个领域，增强了整体投资组合的稳健性和收益潜力。

第 9 章

订立遗嘱：未雨绸缪非常重要

对许多人来说，订立遗嘱是一个沉重且不愿触及的话题。然而，正是这份未雨绸缪的智慧，使得我们在面对生命的无常时，能够从容不迫，为家人和自己留下最妥善的安排。

订立遗嘱不仅体现了对家人未来的关怀，也是维护家庭和谐、避免纠纷的有效手段。本章将深入探讨遗嘱的订立、形式、效力及与法定继承的关系，旨在帮助读者理解遗嘱在财富传承中的重要性，以及如何合法、合理地运用遗嘱，实现个人意愿的传承。

9.1 如何订立遗嘱

在财产规划的过程中，订立遗嘱是每位财产所有者应当深思熟虑的一个问题。它的重要性不言而喻，既是个人财产分配的重要依据，也是保障家人未来生活稳定的必要手段。通过订立遗嘱，我们能够清晰地传达自己关于财产分配的意愿，避免家庭因财产问题产生纷争，从而保持家庭的和谐与稳定。那么，如何确保遗嘱的合法性和有效性呢？这需要我们仔细研究和遵循相关的法律规定。

《民法典》第一千一百三十三条规定："自然人可以依照本法规

定立遗嘱处分个人财产,并可以指定遗嘱执行人。

自然人可以立遗嘱将个人财产指定由法定继承人中的一个或者数人继承。

自然人可以立遗嘱将个人财产赠与国家、集体或者法定继承人以外的组织、个人。

自然人可以依法设立遗嘱信托。"

在法律框架下,我们还需要了解以下关键点,以合法、有效地订立遗嘱。

首先,明确订立遗嘱的主体。遗嘱的订立者必须是具有完全民事行为能力的成年人。这意味着他们能够清晰、明确地表达自己的意愿,并对自己的行为负责。未成年人、无民事行为能力或限制民事行为能力的人,无法独立订立遗嘱。

其次,选择遗嘱的形式。根据法律规定,遗嘱可以采用自书、代书、打印、录音、录像、口头等多种形式。每种形式都有其特定的规定和要求,因此在选择时需要根据实际情况和个人需求进行权衡。例如,自书遗嘱需要遗嘱人亲笔书写、签名,并注明年、月、日。而代书遗嘱则需要有两个以上见证人在场见证,并由其中一人代书,注明年、月、日,并由代书人、其他见证人和遗嘱人签名。

再次,遗嘱的内容必须合法、真实、明确。遗嘱人应当在遗嘱中明确表达自己对财产的分配意愿,并遵循法律规定,不得侵犯他人的合法权益。同时,遗嘱的内容应当具体、明确,避免产生歧义或纠纷。

最后,遗嘱的订立过程需要遵循一定的法律程序。例如,遗嘱的见证人必须是与遗嘱人无利害关系的人,且需要具备完全民事行为能力。此外，在遗嘱订立过程中，遗嘱人还可以选择进行公证，以确保遗嘱的合法性和有效性。

总之，订立遗嘱是一件需要慎重对待的事情。应当在了解法律规定的基础上，结合自己的实际情况和需求，选择合适的遗嘱形式，并遵循法律程序订立。

9.2 关于遗嘱的 5 个基础理论

想要使遗嘱有效，遗嘱人就要了解 5 个基础理论，如图 9-1 所示。这些理论为判定遗嘱是否具备法律效力提供了重要依据。

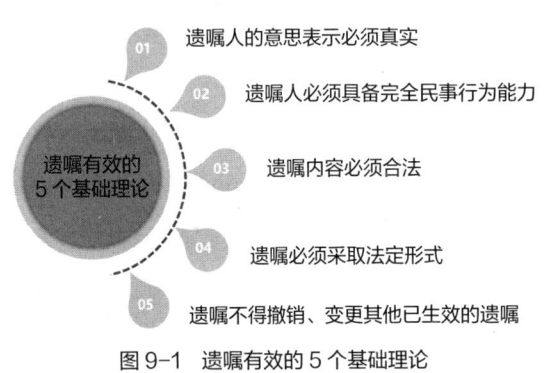

图 9-1　遗嘱有效的 5 个基础理论

1. 遗嘱人的意思表示必须真实

作为遗嘱人处分其身后财产的依据，遗嘱必须体现遗嘱人的真实意愿。为确保遗嘱的效力，法律严格规定了遗嘱订立的条件，任何在欺诈、胁迫或误导下订立的遗嘱，都被法律视为无效。因为这些情况违背了遗嘱人自主决定的自由意志，损害了遗嘱的真实性和公正性。

2. 遗嘱人必须具备完全民事行为能力

遗嘱人必须具备完全民事行为能力，即具备独立判断、决策和表达意愿的能力。未成年人或精神状况不佳的成年人，可能无法正确理解遗嘱的含义及其后果，因此其订立的遗嘱无效。《民法典》第一千一百四十三条第一款规定："无民事行为能力人或者限制民事行为能力人所立的遗嘱无效"。

3. 遗嘱内容必须合法

遗嘱内容必须符合国家法律法规的规定，不得违反社会公德和公序良俗。例如，遗嘱中不得涉及非法财产或要求继承人从事违法犯罪行为。此外，遗嘱还应尊重其他家庭成员的合法权益，避免损害他们的利益。

4. 遗嘱必须采取法定形式

遗嘱人应根据自己的实际情况选择适合的遗嘱形式。如果遗嘱未采用法定形式，可能会导致遗嘱无效。

（1）公证遗嘱。公证遗嘱是遗嘱人在公证员面前签署的遗嘱，公证员会对遗嘱的真实性和合法性进行核实，并出具公证书。公证遗嘱具有较高的法律效力，因为它经过了公证机关的认证。

（2）自书遗嘱。自书遗嘱是由遗嘱人亲自书写、签名和注明日期的遗嘱。遗嘱内容务必清晰明确、详尽完整，以准确表达遗嘱人的真实意愿。此种遗嘱形式虽简洁明了，但需遗嘱人具备相应的文字表达能力与书写技巧，以确保遗嘱的有效性及可执行性。

（3）代书遗嘱。代书遗嘱应当有两个以上见证人在场见证，由其中一人进行代书,注明年、月、日,并由代书人、其他见证人和遗嘱人签名。

(4)录音遗嘱。录音遗嘱是通过录音设备记录遗嘱人的口述遗嘱内容。录音遗嘱应当有两个以上见证人在场,他们在录音过程中确认遗嘱人的身份和意愿。这种遗嘱形式适用于遗嘱人无法书写或视力受限的情况。

(5)口头遗嘱。口头遗嘱是遗嘱人在危急情况下,在两个以上见证人面前,口头表达遗嘱内容。这种遗嘱形式只在特定情况下适用,如遗嘱人处于临终状态,无法书写遗嘱。在特定情况消除,遗嘱人能够以书面、录音等其他形式订立遗嘱时,口头遗嘱失效。

5.遗嘱不得撤销、变更其他已生效的遗嘱

在遗嘱人立有多份遗嘱的情况下,如果一份遗嘱撤销或变更了另一份已生效的遗嘱,则撤销或变更部分无效。遗嘱人应确保自己的遗嘱内容相互协调,避免出现矛盾或冲突。

9.3 遗嘱继承和法定继承

遗嘱继承与法定继承是遗产继承的两大核心方式,在我国现行《民法典》中均得到了明确且详尽的规定。在遗产继承过程中,遗嘱继承与法定继承各自扮演着不同的角色。

在遗嘱继承中,被继承人享有充分的自主权,可以根据自己的意愿指定继承人及遗产分配方式。这种方式体现了对被继承人个人意志的尊重,也符合现代社会对个人财产权利保护的重视。然而,

第 9 章 订立遗嘱：未雨绸缪非常重要

遗嘱继承并非毫无限制，它必须遵守法律的基本原则和规定，不能损害国家、集体和他人的合法权益。

而法定继承则是在没有遗嘱或遗嘱无效的情况下，按照法律规定的顺序和原则进行遗产分配的方式。它是遗嘱继承的补充，体现了法律的公平和正义，保障了每位法定继承人的合法权益。法定继承的规定通常是基于家庭关系和血缘关系，旨在维护家庭的和睦与社会的稳定。

遗嘱继承与法定继承的区别在于，遗嘱继承遵循被继承人的遗愿，而法定继承则依据法律规定。遗嘱继承人必须位列法定继承人之内，但法定继承人并非必然成为遗嘱继承人。遗嘱继承人依照遗嘱内容分配遗产，而法定继承人则依据法律规定的顺序及原则，平等分配遗产。

在实际应用中，遗嘱继承和法定继承常常相互交织、结合使用。当被继承人立有遗嘱时，遗嘱继承优先于法定继承。如果遗嘱违反法律规定或公序良俗，法院有权认定其部分或全部无效，此时法定继承将作为补充手段进行遗产分配。

此外，遗嘱继承和法定继承还在一定程度上相互补充。例如，遗嘱中未涉及的遗产或未明确指定继承人，将按照法定继承的原则进行处理。这种互补关系使得遗嘱继承和法定继承能够共同构建一个完整、和谐的继承法律体系。

章先生与李女士生前共育有 6 个子女：长女章某涵、次女章某丽、三女章某芳、长子章某坤、次子章某杰、三子章某峰。

章先生去世时，未留下遗嘱。李女士去世时，留下了一份代书遗嘱，该遗嘱由代书人王某代签，李女士本人按手印确认，并有两名见证人签字及全程视频记录。

遗产为位于北京市东城区的一套楼房，该房屋登记在章先生名下，为章先生与李女士的夫妻共同财产。在处理他们的遗产时，就结合使用了遗嘱继承和法定继承。

李女士在代书遗嘱中明确表示，鉴于自己长期由二儿子章某杰赡养照顾，她自愿将属于她的房屋产权份额指定由章某杰继承，其他子女均无权享受。该遗嘱在形式上符合法律要求，有代书人、见证人签字及李女士本人按手印确认，且有全程视频记录证明立遗嘱过程无胁迫且李女士意识清楚。

章先生去世时未留遗嘱，其遗产（包括房屋的一半产权份额）按照法定继承处理，由李女士及6个子女共同继承。在李女士去世后，由于她已通过遗嘱处分了她的房屋产权份额，因此该部分不再进入法定继承程序。

法院首先确认了李女士代书遗嘱的有效性，认为该遗嘱符合《民法典》关于代书遗嘱的形式要件，且能够反映李女士的真实意愿。因此，法院按照遗嘱将属于李女士的房屋产权份额判归章某杰继承。

对于章先生未留遗嘱的部分，即房屋的另一半产权份额，法院则按照法定继承原则，在李女士及6个子女之间进行分配。在此案例中，由于李女士也已去世，其应继承的份额转由其法定继承人继承。

这个案例展示了遗嘱继承和法定继承在遗产分配中的结合使

用，既尊重了被继承人的遗愿，又确保了遗产分配的公平性和合法性。

综上所述，遗嘱继承和法定继承在家族财富传承中都有着重要的作用。被继承人应该根据自己的实际情况，选择合适的继承方式，并通过合理的规划和沟通，确保家族财富的顺利传承及遗产继承的公平、公正、有效。

9.4 影响遗嘱法律效力的问题

影响遗嘱法律效力的问题，不仅涉及遗嘱本身的订立和表达，更与遗嘱人的意愿、遗嘱的见证和公证等多个方面息息相关。

首先，遗嘱人必须具备遗嘱能力。订立遗嘱是一种特殊的民事法律行为，遗嘱人必须拥有相应的民事行为能力，这是确保遗嘱合法、有效的前提条件。具备遗嘱能力，意味着遗嘱人能够明确自己的财产状况，理解遗嘱的法律后果，并自愿、真实、清晰地表达出自己的意愿。

其次，作为遗嘱人对其财产进行处分的重要法律行为，遗嘱必须真实反映遗嘱人的意愿。确保遗嘱的真实性，是保障遗嘱人意愿得以有效实现的关键所在。遗嘱人必须是在自愿、无外界干扰的情况下，真实、清晰地表达自己的意愿。任何遗嘱，如果受胁迫、欺骗或误导所订立，均被视为无效。此外，遗嘱内容务必清晰明确，不得含有模糊或产生歧义之处，以免在遗嘱执行过程中引发争议和纠纷。

为确保遗嘱真实性，遗嘱人可采取多种方式证明和确认。例如，请专业公证人员全程监督与见证遗嘱订立过程；采用录音、录像等现代技术手段，详尽记录并保存遗嘱内容。这些措施能有效提升遗嘱的可靠性与可信度。

例如，张先生与袁女士婚后育有两子。在张先生与袁女士相继离世后，次子擅自支取了张先生名下的银行存款共计17万余元及袁女士名下的银行存款9万余元。长子在得知此事后，依据法律程序提出了继承其父母上述银行存款共计26万余元的请求。

然而，次子对此表示反对，并在庭审过程中出示了一份自书遗嘱。遗嘱中明确指出，张先生与袁女士的个人银行存款应由次子负责支取与分配，且遗嘱上附有张先生与袁女士的签名及签署日期。然而，长子对这份遗嘱的真实性表示怀疑，他提出遗嘱内容并非出自同一人之手，且父母的签名也并非本人所签。他要求做笔迹鉴定，但由于老年人身体机能、书写能力的变化较大，无法满足比对检验的条件。

经过法院审理后，认定袁女士名下的存款为袁女士与张先生的夫妻共同财产。在袁女士过世后，该存款应析出一半作为张先生的个人财产，剩余一半则作为袁女士的遗产进行处理。同样地，张先生名下的银行存款也应析出一半作为袁女士的遗产。尽管次子提供了遗嘱作为证据，但由于其真实性无法得到确认，最终法院判决次子需向长子支付13万余元的遗产份额。

在订立遗嘱的过程中，遗嘱人还应注意一些特殊情况。基于维护社会公平、正义及保障弱势群体基本生活权益的原则，任何遗嘱都不得剥夺那些缺乏劳动能力且没有稳定生活来源的继承人的合法继承权利。如果遗嘱中存在剥夺此类继承人继承权的条款，该部分内容将依法被视为无效，不受法律保护。

同时，遗嘱中提及的财产应明确界定为遗嘱人个人合法财产，并符合法律规定。遗嘱人只能处置个人合法财产，不能侵犯第三方权益。例如，涉及国家、集体或其他个人财产的遗嘱部分无效。

最后，遗嘱的订立和执行是复杂且严肃的法律行为。遗嘱人订立遗嘱时，应了解相关法律规定，遵循合法、公正、真实的原则。遗嘱执行应尊重遗嘱人意愿，以确保遗嘱顺利执行和遗产合法分配。

总之，遗嘱的订立和执行需要遵循一些原则和法律规定，以确保遗嘱的合法性和有效性。通过深入了解遗嘱能力、真实意思表示、特殊情况处理及财产处分等方面的规定，我们可以更好地保护自己的合法权益，实现遗产的合理分配和传承。

9.5 遗嘱在财富传承中的价值

财富传承能够确保家族财富有序、稳健地延续至下一代及后续世代，维护家族的长远利益与稳定。而遗嘱继承作为家族财富传承最为基础且简便的方式，在财富传承中发挥着重要作用。其在财富传承中的价值主要体现在以下几个方面，如图9-2所示。

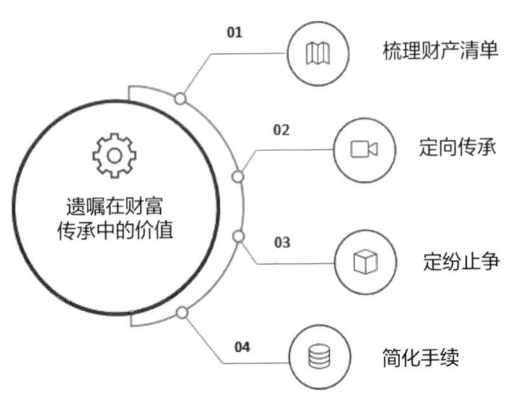

图9-2 遗嘱在财富传承中的价值

1. 梳理财产清单

遗嘱可以明确列出遗嘱人拥有的所有财产,包括房产、银行存款、股票证券、珠宝首饰等各类动产和不动产。在家庭关系较为复杂的情况下,财产不明会导致继承人之间出现信任危机,导致遗嘱的分配出现问题。如果没有订立遗嘱,逝者的子女或亲属就无法查证这些遗产,不仅会造成诸多麻烦,还容易引发各种家庭风波。

2. 定向传承

通过订立遗嘱,遗嘱人可以明确指定哪些财产由哪些继承人继承,从而确保遗产的分配符合其个人意愿。在没有遗嘱的情况下,遗产的分配通常按照法定继承规则进行,这可能导致家庭成员之间因财产分配不均而产生纠纷。而遗嘱的定向传承功能可以明确遗产的分配,减少因财产分配问题引发的家庭矛盾。

遗嘱允许遗嘱人将财产赠与国家、集体或法定继承人以外的人。这种定向传承的方式可以确保特定受益人的权益得到保障,如年迈的父母、未成年子女等。

3. 定纷止争

遗嘱是遗嘱人的遗愿,它明确了各继承人继承遗产的份额和权利,可以减少或避免可能出现的家庭内部纠纷。遗嘱为继承人继承遗产提供了明确的法律依据,即使存在不同意见,也需要以遗嘱的意思为准。这有助于维护家庭和睦,避免因财产分配问题导致家庭分裂。

4. 简化手续

在没有遗嘱的情况下,遗产的分配是按照法定继承的规定来办理的。这通常涉及一系列复杂的程序要求,即使继承人之间没有纠纷。如果有遗嘱,遗产的分配将按照遗嘱中的指示进行,从而避免复杂的法定继承程序。

在没有遗嘱的情况下,继承人需要证明自己是法定继承人,并且可能需要一系列烦琐的证明文件。遗嘱的存在能够省去这些证明文件,从而降低继承人办理相关手续的难度。

总之,遗嘱对解决家族财富传承中存在的诸多问题具有重要的作用,有助于确保家族和谐稳定,实现财富有序、顺利传承。

9.6 生前转移财产所有权是否有效

生前转移财产所有权是否有效是一个涉及法律、道德和伦理的复杂问题。在探讨其有效性时,我们需综合考虑多个因素,并深入分析相关的法律规定和案例。

例如，李老先生白手起家，凭借自己的努力创办了一家规模可观的制造企业。随着年岁的增长和健康的衰退，他不得不面对一个沉重而紧迫的问题——家族企业的传承。

李老先生膝下有两子一女。多年来，长子勤勉尽责，全身心投入家族企业的日常运营与管理中，以其卓越的才能和不懈的努力，为企业的繁荣贡献良多。次子则较为懒散，对家族企业的责任感不足，更倾向于坐享其成。而女儿，因远嫁他乡，对家族企业事务的参与有限。

李老先生担心自己去世后，家族企业可能因子女间的纷争而陷入混乱，他尤其担心次子可能不满遗产分配，从而给企业发展带来负面影响。因此，他决定在生前将家族企业的大部分股权转给长子。他依照法律程序，通过正规的股权转让手续，在律师的见证下，与长子签订了股权转让协议，并完成了相关的工商变更登记。

得知这一决定后，次子感到极度不满，认为父亲偏心，不应该在生前就将大部分家族财产转移给长子。他向父亲提出抗议，要求重新分配家族企业的股权。然而，李老先生坚持自己的选择，认为这是为了企业的长期发展和稳定考虑。

女儿虽然没有像次子那样强烈反对，但也对父亲的做法表示不解。她认为，在转移财产之前，父亲应该与子女们进行充分沟通，以避免家庭矛盾。

从法律角度来看，李老先生生前转移财产是合法且有效的。只要股权转让手续符合法律规定，且不存在欺诈、胁迫等非法情形，

第9章 订立遗嘱：未雨绸缪非常重要

次子想要通过法律途径推翻父亲的决定十分困难。

尽管如此，这一事件还是对家族产生了影响。次子与父亲和长子的关系变得紧张，家庭氛围不再和谐。同时，家族企业内部也出现了一些不稳定的因素，部分员工开始对企业的未来发展感到忧虑。

为缓解家庭矛盾和稳定企业局势，李老先生不得不投入大量的时间和精力与子女们进行沟通和解释。他向次子和女儿阐述了自己的考虑和初衷，并承诺会在其他方面给予他们相应的补偿。经过一番努力，家庭关系得到了一定程度的缓和，家族企业也逐步恢复了稳定发展。

由上述案例可知，生前转移财产所有权是否有效，主要取决于转移行为是否符合法律规定及是否涉及违法或不当目的。

财产所有权转移需要符合以下基本条件。

（1）财产所有者具有完全民事行为能力，能够自主决定财产的转移。

（2）转移行为出于真实意思表示，未受到欺诈、胁迫等非法手段的影响。

（3）转移行为符合相关法律法规的规定，如不动产转移需办理登记手续等。

如果生前转移财产的行为符合上述条件，则该转移行为是有效的，财产所有权在转移后即发生变更。一旦财产所有权发生变更，原所有者将不再享有该财产的所有权，而受赠人或受让人将成为新的财产所有者。

在家庭成员间转移财产时，如果转移行为是出于真实意思表示且符合法律规定，那么该转移行为是有效的。但是，如果转移行为存在违法或不当目的，如为逃避债务、隐匿财产等，则该转移行为可能被视为无效或可撤销。

在上述案例中李老先生生前转移财产的行为符合法律要求，且未损害其他家庭成员的合法权益，被视为有效。如果他转移财产的行为违反了法律规定，对其他家庭成员不公平，那么会被视为无效或部分无效。

财产转移不仅是法律问题，还涉及家庭关系和道德责任问题。在作出决策时，所有权人应该充分考虑家庭成员之间的情感联系和权益，避免对任何一方造成伤害。

9.7 公证遗嘱在财富传承中存在的缺陷

作为一种法律手段，公证遗嘱在财富传承中具有独特的作用和价值，但其并非尽善尽美。在实际应用中，公证遗嘱也暴露出一些缺陷。这些缺陷不仅可能影响遗嘱的效力，还可能引发家族内部纷争。

首先，公证遗嘱的订立过程比较烦琐。在订立公证遗嘱时，被继承人需要亲自前往公证机关，严格按照相关程序和要求进行操作。这对年迈或身体不便的被继承人来说，存在诸多困难。而且，公证遗嘱一旦订立，修改起来较为麻烦。家族企业的发展是动态的，被继承人的意愿可能会随着时间的推移、家族情况的变化及企业发展的需求而发生改变。但公证遗嘱的修改具有复杂性,被继承人可能无法及时调整遗嘱内容,从而导致财富传承方案与实际情况不符。

其次,公证遗嘱往往只注重财产的分配,而忽视了家族企业的特殊性。家族企业不仅是一个经济实体,还承载着家族的荣誉、价值观和企业文化。公证遗嘱通常只是简单地规定了财产的归属,却没有对家族企业的经营管理、家族成员在企业中的角色和责任等方面进行详细的规划。这样一来,即使财富按照遗嘱进行了分配,也可能会因为家族成员之间缺乏明确的分工和协作,而使家族企业在传承过程中陷入混乱,甚至走向衰落。

再次,公证遗嘱可能引发家族内部的矛盾。家族财富传承往往涉及众多家族成员的利益。如果公证遗嘱的内容被部分家族成员认为不公平,或者与他们的期望不符,就很容易引发矛盾和纷争。例如,某个家族成员可能觉得自己在家族企业中付出了很多努力,却没有得到相应的回报;某些家族成员可能对遗嘱的真实性产生怀疑。这些矛盾不仅会破坏家族的和谐,还会影响家族企业的正常经营。

最后,面对家族内部复杂的关系网络和外部环境的多变性,公证遗嘱的局限性越发凸显。家族企业的传承往往受到家族内部复杂关系的影响,如家族成员之间的情感纠葛、利益冲突等。同时,外部环境的变化,如市场竞争、法律法规的调整等,也可能对家族企业的传承产生重大影响。公证遗嘱很难全面考虑到这些复杂因素,从而无法为家族企业的财富传承提供一个完善的解决方案。

例如，企业家王先生经历了两段婚姻，与前妻育有一女，与现任妻子育有二子。鉴于王先生多年患有基础性疾病及冠心病，为确保其家庭财富得到稳妥传承，他委托了一位律师，在严格遵守法定程序并录音录像的情况下，订立了一份具备法律效力的遗嘱，并进行了公证。然而，在遗嘱订立过程中，王先生并未全面且充分地听取家人的意见与诉求。

一年半后，王先生不幸离世。他委托的律师组织召开家庭会议，并宣读王先生的遗嘱。遗嘱明确规定了王先生的父母、长女、现任配偶及二子能够分得的财产，并充分考虑到同母异父之妹的合法权益。然而，王先生没有考虑到人性的复杂性，未在遗嘱中设置有效的惩戒措施及内部纠纷调解机制，也没有将遗嘱设计成生前信托或遗嘱信托的形式。

在遗嘱宣读后，长女因认为自身所得遗产份额较少且未获得公司股份，对遗嘱的真实性产生质疑。现任妻子则依据公证遗嘱，试图在房产登记中心办理房产变更手续，但因房产涉及王先生遗产份额且存在争议而被拒绝，被告知需先进行继承权公证。随后，现任妻子在银行及保险机构办理遗产继承业务时也遭遇类似困境。

在此案例中，继承权公证成为遗产继承过程中的主要障碍。现任妻子向公证处提出申请做继承权公证，但长女持反对意见，不到场做公证，公证因所有法定继承人和遗嘱继承人无法同时到场而无法进行。最终，现任妻子及二子作为原告，将王先生父母、妹妹及长女列为被告，向法院提起诉讼。

经过长达 4 年的诉讼过程，遗嘱的效力得以确认，所有继承人得以依据生效判决办理遗产分配事宜。但在此期间，王先生名下的资产被冻结无法使用，且所产生的律师费、诉讼费等均无法从遗产中支出，给家庭成员带来了沉重的经济负担。

综上所述，公证遗嘱在财富传承中虽然具有一定的价值和作用，但也存在着一些缺陷和不足。因此，在选择使用公证遗嘱进行财富传承时，需要充分了解其优缺点，并结合实际情况进行权衡和考虑。同时，遗嘱人也可以考虑采取其他财富传承方式，如家族信托、保险等，以实现更为高效、顺利的财富传承。

9.8 如何解决继承权公证的难题

继承权公证的对象是全体继承人，而公证工作的执行主体是公证机关。继承权公证的核心目的在于核实遗嘱的真实性与有效性，进而明确继承权的归属问题。

然而，在实际操作中，继承权公证常常面临诸多难题，如继承人身份核实困难、遗嘱有效性确认复杂、债务核实不清、全体继承人无法达成一致意见等。下面将探讨如何解决这些难题，以促进继承权公证顺利进行。

1. 完善法律法规与制度建设

（1）加强立法保障。相关法律法规需要进一步完善，以明确继承权公证的具体操作流程、标准和法律责任。例如，对于遗嘱的形式和效力、代位继承和转继承的适用条件、遗产的范围和分配原则等问题，应作出更加具体、明确的规定。同时，司法机关可以发布典型案例、司法解释，为公证机关和当事人提供指导，统一法律适用标准。

（2）建立统一的信息平台。推动建立全国性的继承权公证信息平台，实现户籍、婚姻、遗嘱等信息的互联互通。这样不仅可以提高信息核实的效率，还能有效减少因信息不一致导致的公证难题。

2. 提升公证机关的专业能力

（1）加强人员培训。公证机关应加强对公证人员的专业培训，提高他们的专业素养和业务能力。培训内容应涵盖相关法律法规，以及公证流程、技巧等实际操作知识。

（2）引入先进技术。利用现代信息技术手段，如区块链、大数据等，以提升公证工作的效率和准确性。例如，通过区块链技术实现遗嘱信息的不可篡改和可追溯，为遗嘱有效性的确认提供有力支持。

3. 加强部门间协作与信息共享

（1）推动跨部门合作。公证机关应加强与户籍管理部门、婚姻登记机关、银行、税务等相关部门的协作，实现信息共享和资源整合。通过部门间的密切配合，可以更加全面地了解继承人的身份、婚姻状况、财产状况等信息，为继承权公证提供全面、准确的数据支持。

（2）建立快速反馈机制。建立快速反馈机制，确保在公证过程中发现的问题能够及时得到解决。对于需要核实的信息或存在的疑问，公证机关应迅速与相关部门沟通，以确保公证工作顺利进行。

4. 提供多元化解决方案

（1）调解与仲裁。对于因继承人之间矛盾而无法达成一致的情况，公证机关可以引入调解和仲裁机制。通过专业的调解员或仲裁员进行调解或仲裁，帮助继承人解决分歧，达成共识。

（2）灵活处理特殊情况。针对特殊情况下的继承权公证问题，如部分继承人无法到场等，公证机关可以采取灵活的处理方式。例如，通过视频连线等方式进行远程公证，以确保全体继承人的权益得到保障。

5. 加强法律宣传与教育

（1）普及法律知识。公证机关可以通过各种渠道和形式普及继承权公证相关的法律知识，以增强公众的法律意识和权利意识，让更多人了解继承权公证的重要性和必要性，以及如何进行公证申请和办理。

（2）引导合法继承。公证机关及相关部门可以加强对继承人的引导和教育，鼓励他们通过合法途径解决继承问题。同时，加大对非法继承行为的打击力度，维护法律的权威性和公正性。

解决继承权公证的难题需要各方共同努力和配合。完善法律法规与制度建设、提升公证机构的专业能力、加强部门间协作与信息共享、提供多元化解决方案及加强法律宣传与教育等措施的实施，可以有效应对继承权公证中的难题和挑战，确保遗产分配的公正性、合法性和透明性。

9.9 意定监护的合理运用

《民法典》第三十三条对意定监护的概念作出了规定:"具有完全民事行为能力的成年人,可以与其近亲属、其他愿意担任监护人的个人或者组织事先协商,以书面形式确定自己的监护人,在自己丧失或者部分丧失民事行为能力时,由该监护人履行监护职责。"

意定监护的合理运用,在当今社会已经成为一个备受关注的话题。作为一种特殊的监护形式,意定监护在维护被监护人权益、促进家庭和谐及保障社会安定方面发挥着重要作用,旨在确保被监护人在丧失或部分丧失民事行为能力后,能够得到及时且有效的监护与保障,确保其合法权益不受侵害,维护社会公平与秩序稳定。

意定监护是法律尊重被监护人意愿的体现。在传统监护制度框架下,被监护人的主观意愿往往未能得到充分重视,他们常被视作无民事行为能力人,其决策权被监护人全面代理,这有悖于现代监护理念的发展要求。

然而,意定监护打破了这一局限,允许被监护人在具备一定民事行为能力的前提下,根据自己的意愿选择监护人,并在监护人的协助下管理自己的财产和事务。这种尊重被监护人意愿的做法,不仅有助于维护被监护人的自尊和自信,也有助于增强他们的自主意识和自我管理能力。

孙大爷与妻子婚后未曾生育子女,而是选择过继一女作为养女。但养女与孙大爷之间的情感联系并不深厚。养女离婚后,居住在孙大爷的楼上,但在日常生活中,她并未对孙大爷给予应有的关怀和照顾。

当得知孙大爷名下房屋即将动迁的消息后,养女未与孙大爷沟通,便擅自以法定监护人的身份前往征收事务所,试图领取孙大爷的动迁安置款项。然而,在此之前,孙大爷已在公证处完成了意定监护公证,明确指定其侄女作为他的意定监护人。

基于孙大爷的意愿,其侄女被委托向法院递交了关于变更监护人的申请。经过法官的实地调查与深入沟通,在充分听取并尊重孙大爷意愿的基础上,法院依法作出决定,将孙大爷的监护人变更为其侄女。

意定监护还注重监护人与被监护人之间的沟通与协作。在传统的监护关系中,监护人往往扮演着决策者的角色,而被监护人则处于被动接受的地位。而在意定监护中,监护人与被监护人之间的关系更加平等。监护人需要积极与被监护人沟通,了解他们的需求和意愿,并在此基础上制订合适的监护计划。被监护人也需要积极参与到监护过程中,提出自己的意见和建议,与监护人共同管理自己的事务。这种沟通与协作的方式,有助于增强监护关系的稳定性和有效性。

综上所述,意定监护的合理运用对维护被监护人权益、促进家庭和谐及保障社会安定具有重要意义。监护人应该严格遵循法律规定,尊重被监护人的真实意愿,注重与被监护人之间的沟通与协作,更好地为其提供必要的支持和帮助。

第 10 章

保险规划:财富应该有"盾牌"

作为法律认可的财产分配机制,遗嘱在财富管理与传承的过程中展现出一定的灵活性,但也存在一些潜在问题。相较之下,保险这一金融工具,为财富的平稳传承提供了更为便捷且安全的路径。

本章聚焦保险规划这一核心议题,详尽阐述 4 种不同的保险规划策略,以期构建一套全面而细致的财富传承规划体系。同时,本章还深入剖析婚前与婚内保单在财产归属方面的法律界定,探讨保费豁免功能的实际应用场景,以及投保人离世后保单处理的相关问题。

10.1 订立遗嘱与购买保险

订立遗嘱是一种特殊的民事法律行为,存在以下几个潜在的问题,如图 10-1 所示。

图 10-1 订立遗嘱存在的潜在问题

第10章 保险规划：财富应该有"盾牌"

（1）随意性。遗嘱人享有多次订立与修改遗嘱的权利，新遗嘱可以推翻旧遗嘱的内容。

（2）真实性存疑。自书遗嘱的订立和修改往往由订立人独立完成，缺乏第三方监督，因此存在真实性的风险。此外，订立人在精神状态欠佳，受到欺诈、胁迫等情况下订立的遗嘱，其有效性受到质疑，进而存在瑕疵。

（3）没有私密性。遗嘱继承的私密性在一定程度上受到一定限制。在遗产继承的繁复流程中，继承公证是不可缺少的一环，对保障遗嘱继承的合法性与公正性发挥着至关重要的作用。但这也使得遗嘱继承的完全私密性难以得到充分保障。在继承公证的过程中，继承人需共同商定遗产分配的详尽方案，并在达成一致意见的基础上签署确认文件，从而完成整个公证程序。

（4）执行难度大。遗嘱的执行涉及多个环节，如遗产的评估、继承人的确定、债务的处理等，这些都需要耗费大量的时间和精力。此外，遗嘱执行可能因继承人之间的纷争、法律程序的复杂烦琐及遗产本身的复杂性等多重因素而面临诸多困难与挑战。

相较于订立遗嘱，购买保险在财富传承方面具有显著的优势。首先，保单传承具备私密性的特点。与遗嘱继承相比，保单传承人能够在不经过他人同意或知悉的情况下，通过保单形式将现金资金顺利传承给指定的继承人。这一特性确保了财富传承的私密性和安全性，有效避免了可能的纠纷和麻烦。

其次，在财富传承的众多方式中，购买保险所展现的确定性尤为突出。相较于遗嘱可能因各种因素引发争议与不确定性，保险合同一旦成立，就具备法律上的明确约束力。在合同规定的条件下，受益人能够无争议地享有保险的权益，从而有效预防和避免遗产继承过程中可能出现的复杂纷争，确保财富传承的顺畅与稳定。

最后，保单传承还具有独特的杠杆效应。一般来说，其杠杆效益的大小取决于被保人的年龄与缴存年限的长短，年龄越小、缴存年限越长，杠杆倍数越高。

尽管保险在财富传承中具有显著优势，但也存在一定的局限性。例如，它无法直接解决非现金资产的传承问题，如房产、企业股权等资产类型，这些资产无法通过单一的保险手段实现有效传承。同时，在投保时，也需要确认是否能通过保险公司的核保。

综上所述，遗嘱和保险在资产传承中都扮演着重要角色，但各有优缺点。因此，在财富传承的规划中，传承人应科学地将这两种工具结合使用，以实现财富的安全、高效传承。

10.2 保险规划之财产保险

作为一种重要的风险管理工具，财产保险能够通过合理的保险安排，有效保护家族及企业的财产安全，降低因意外事件导致的经济损失。财产保险的种类主要包括住宅保险、汽车保险及财产损失保险等。各类财产保险具有不同的保障范围，因此，在购买财产保险时，家族领导者应深入了解各类保险的具体内容，并结合家族的实际情况，选择合适的保险产品。

进行财产保险规划的首要任务是对家族的风险承受能力及具体

的财产保险需求进行评估。具体而言，家族领导者需明晰家族的经济状况，包括收入与支出的具体情况、固定资产与流动资产的分布状况等。然后，家族领导者需对家族的风险承受能力进行精确评估，包括对负债状况、成员收入状况的考量等。

基于对财务状况及风险承受能力的综合考量，家族领导者能够明确财产保险的需求。例如，对家族来说，住宅保险是必不可少的。住宅保险能够保障房屋及其内部设施因火灾、盗窃、自然灾害等意外事件导致的损失。同时，住宅保险还可以附加其他保障，如家政服务保险、租金损失保险等，以满足家族的不同需求。

在确定好财产保险需求后，家族领导者需制定财产保险规划，主要包括以下几个步骤。首先，要根据家族的需求选择合适的保险产品。不同的保险产品具有不同的保障范围和保费，家族领导者需要根据家族的财产状况和风险承受能力来选择。

其次，需要了解保险产品的理赔流程、免责条款等，确保在发生意外事件时能够及时得到帮助。

最后，需要定期检查和更新财产保险规划。随着时间的推移，家族的财产状况和风险承受能力可能发生变化，因此需要定期回顾和更新财产保险规划。此外，家族领导者还要关注保险市场的变化，以及时调整保险方案，确保财产安全得到保障。

总之，财产保险是保护家族及企业财产安全的重要手段。家族领导者需要在了解家族的实际状况之后，对各种可能出现的情况进行假设，包括自身财务状况、成员消费水平。此外，家族领导者还要提高对可能出现的各种情境的认识，在进行保险规划之前就注意培养和保持平和的投资心态,理性看待风险。

10.3 保险规划之重复保险

重复保险为投保人提供了多重保障机会和更全面的保障,确保在不同情况下都能得到赔偿,但也相应地要求投保人承担多份保险费用的支付责任。

在重复保险合同的执行过程中,各家保险公司会依据预先商定的责任分配比例,各自承担相应的赔偿责任。当保险事故不幸发生时,投保人有权向任何一家保险公司提出索赔申请。但投保人应明确其索赔金额的上限必须严格基于其实际遭受的损失,以确保赔偿的公平性和合理性。

如果投保人通过索赔获得的金额超过其实际损失,不仅可能引发道德风险和欺诈行为,还可能对保险市场的健康稳定发展造成影响。

因此,在规划重复保险策略时,投保人应持审慎态度,确保自身权益得到全面而合理的保障。例如,在需要增加保障额度或在不同地域获得全面保障的情况下,重复保险确实可以作为一种有效的风险分散工具,为投保人提供额外的安全保障。然而,在享受额外保障的同时,投保人应坚守诚实守信的原则,避免任何不当的索赔行为。重复保险的赔偿方式如图 10-2 所示。

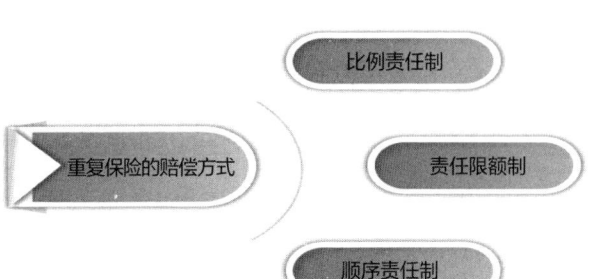

图 10-2　重复保险的赔偿方式

1. 比例责任制

在比例责任制下,当保险事故发生时,保险公司会根据其承保的比例来分摊应赔付的金额。例如,某建筑公司的员工李某在执行水电安装作业时不慎从两米高的脚手架上跌落,受伤后被送往医院,产生医疗费用共计 7 万余元。在事故发生后的 180 日内,李某实际支出的医疗费用超过 5 万元。经过专业司法鉴定机构评估,李某的伤情被评定为九级人身伤残。

该建筑公司已向 A、B 两家保险公司购买了建筑工程团体意外伤害保险,并在保险期内报案,于是李某提出索赔请求,要求两家保险公司按保险条款赔付。

意外伤残保险金不适用损失补偿原则,因此两家保险公司应按照承保的比例支付相应保险金。而意外伤害医疗保险金属于补偿性保险,需遵循重复保险的限制理赔规则,即公司获得的医疗保险金总额不得超过实际支出的 5 万余元医疗费用。由于两份保险的医疗限额和赔付范围相同,因此两家保险公司应按照其保险金额与总金额的比例承担相应的赔偿责任。

2. 责任限额制

责任限额制是保险公司对保险事故造成的损失设定一个特定的限额，对于该限额以下的部分，保险公司不承担赔偿责任，仅对超出限额的部分进行赔付。

3. 顺序责任制

在顺序责任制下，如果发生保险事故，所有参与重复保险的保险公司将按照各自承保金额的比例平均分担赔偿责任。

如果选择采用重复保险策略，那么投保人应当与保险公司进行深入的沟通交流，以确保双方对赔偿方式及责任分配有明确且一致的理解。此外，投保人还应确保其所持有的所有保险合同条款内容一致，从而避免因合同条款差异而引发赔偿纠纷，确保自己的权益得到充分保障。

10.4 保险规划之责任保险

责任保险是一种财产保险形式，它确保当被保险人依法需对第三方承担赔偿责任或面临索赔时，保险人将承担相应的赔偿义务。在这种保险中，保险标的为被保险人依法应向他人承担的民事赔偿责任，合同中不设定具体的保险金额，而是规定了赔偿的最高限额。责任保险通常仅覆盖因被保险人的过失导致的侵权民事责任，对于故意造成的损害则不承担责任。除非有特别约定，否则责任保险一般不包括合同违约责任。

对家族企业而言，责任保险的重要性不言而喻。在激烈的市场竞争中，家族企业面临着诸多风险和挑战。一旦发生责任事故，家族企业不仅要承担经济赔偿责任，还可能面临声誉受损、客户流失等严重后果。通过购买责任保险，家族企业可以转移责任风险，避免因此而陷入经营危机。

对家族成员而言，责任保险同样具有重要价值。首先，个人责任险能够有效保障家族成员的财产与财务安全。在因个人疏忽大意或不当行为导致他人受伤或财产受损的情形下，根据相关法律规定，家族成员可能需依法承担相应的民事赔偿责任。而个人责任险能够为家族成员提供必要的风险保障，在面对意外风险时，能够减轻其财务压力，避免困扰。

其次，在因意外或个人疏忽导致他人受到伤害或财产损失时，个人责任险能够为家族成员提供坚实的法律保障。它不仅能够减轻家族成员的经济负担，还能有效避免潜在的法律纠纷。

最后，个人责任险在维护家族成员声誉与形象方面也起着关键作用。它不仅能在家族成员因个人过失导致他人受损时，为其提供必要的保障，还能有效预防此类情况发生，从而维护家族成员的良好声誉与形象。

责任保险赔偿的构成要素主要包括责任的产生、责任的范围及赔偿的时机和方式。首先，责任保险赔偿的前提是保险合同中约定的责任事件的发生，这通常涉及第三方的权益受损或受到伤害。只有当被保险人因其行为、疏忽或违反合同等情形导致第三方遭受损失时，责任保险才能启动赔偿程序。

其次，责任保险赔偿需要确定责任的范围。责任的范围决定了保险公司应承担的赔偿金额和赔偿的方式。在确定责任范围时，保险公司会仔细审查损失的具体情况和性质，包括损失的种类、程度和原因等。责任保险仅对被保险人应依法承担的民事赔偿责任负责。

最后，责任保险赔偿还需要考虑赔偿的时机和方式。一般来说，当第三方提出索赔时，被保险人需要及时通知保险公司，并提供必要的索赔材料和证明。保险公司将依据合同中明确规定的赔偿方式与程序，对被保险人提出的索赔申请进行严格审查与妥善处理。一旦确认赔偿责任存在，保险公司会尽快安排赔偿事宜，以减轻被保险人的经济压力。

赔偿方式也需精心考量。可以选择一次性赔偿，给予被保险人及受害方明确的经济补偿，使其能够迅速开展后续的恢复和重建工作。但对于一些复杂情况，也可考虑分期赔偿，根据实际需求和进度逐步支付赔偿款。同时，保险公司还可以通过提供其他形式的帮助，如协助修复受损设施、提供专业咨询等，更好地履行赔偿责任。

总之，责任保险为被保险人提供了有效的风险保障和损失补偿机制。家族企业和家族成员都应充分认识其重要性，并根据自身需求选择合适的保险产品。在实际操作中，被保险人应仔细阅读保险条款和合同约定，以便在需要时能够及时获得保险公司的支持和帮助。

10.5 保险规划之信用保险

信用保险是针对信用风险而设计的一种保险产品,它主要承保因债务人违约或破产而无法偿还债务的风险。在商业活动中,这种风险很常见,尤其是在涉及大额交易或长期合作的情况下。

信用保险为家族企业提供了有效的风险转移和分担机制,其作用主要体现在以下几个方面。

首先,它可以帮助家族企业降低信用风险。通过购买信用保险,家族企业可以将部分或全部信用风险转移给保险公司,从而减轻自身的风险负担。

其次,信用保险有助于提升家族企业的市场竞争力。在市场竞争日益激烈的今天,拥有信用保险的企业往往更容易获得客户的信任和青睐,从而在竞争中占据优势地位。

最后,信用保险还可以为家族企业提供融资支持。一些金融机构在提供贷款或融资服务时,往往会要求企业购买信用保险作为担保,以降低自身的信贷风险。

要想充分发挥信用保险的作用,需要注意以下几点。首先,在选择信用保险产品时,家族企业应结合自身实际情况和需求,选择适合自己的保障方案。其次,在购买信用保险时,家族企业要仔细研究保险合同和条款,了解保险责任、免责条款等内容,避免在理赔时出现纠纷。最后,家族企业还应加强风险管理和内部控制,增强风险防范意识,降低信用风险的发生概率。

总之,通过合理选择和运用信用保险,家族企业可以更好地应对信用风险挑战，为企业的稳健发展和家族财产安全保驾护航。

10.6 婚前和婚内保单的财产归属

在探讨婚前和婚内保单的财产归属问题时，首先需要明确的是，保单作为一种特殊的财产形式，其归属权往往受到多种因素的影响。这些因素包括保单的购买时间、资金来源、受益人设定及夫妻双方对保单的共同管理和使用等。

根据《民法典》第一千零六十三条的规定，夫妻一方的婚前财产属于其个人财产。婚前购买的保单，其购买行为发生在婚姻关系成立之前，保单就归属于购买者个人。但需要注意的是，如果婚后夫妻双方共同为这份保单缴纳保费或进行了其他形式的共同管理，那么保单的财产归属权可能会受到一定的影响。

对于婚前购买但婚前未缴完保费，婚后继续缴费的保单，继续缴费的部分属于夫妻共同财产，可以分割婚后缴费部分的保单现金价值。例如，王女士在 22 岁时投保了一份重大疾病保险，约定保费分 20 年缴清，保额为 50 万元。在王女士 32 岁时，她与张先生建立婚姻关系。王女士 42 岁时，她与张先生经协商决定解除婚姻关系。如果此时王女士购买的重大疾病保险的现金价值为 6 万元，其中 3 万元应视为婚内共同财产，王女士需向张先生支付 1.5 万元。

对于婚内购买的保单，其财产权归属的界定相对复杂。如果保单是一方以个人名义购买，但资金来源为夫妻共同财产，那么这份保单的财产权归属于夫妻双方。如果保单是夫妻双方共同购买的，那么其财产权自然归属于夫妻双方，为二人共同所有。

如果保单或夫妻双方有特别约定，保单的财产归属可能会根据这些约定来确定。例如，双方约定婚内保单属于某一方所有，那么在离婚时，该保单就不会被视为夫妻共同财产进行分割。

此外，保单的受益人也是影响其财产权归属的重要因素。如果保单受益人是双方名字，则是夫妻共同财产，离婚的时候应当对保险收益进行分割。如果保单的受益人不是夫妻二人或是其中一方的，则不应算夫妻共同财产。同时，如果发生保险事故前，投保人或被保险人已申请变更了受益人，则该笔保险金就归变更后的受益人享有，夫妻离异时这种预期利益不应按照夫妻共有财产处理。

综上所述，婚前和婚内保单的财产归属问题需要根据具体情况进行具体分析。在实际操作中，夫妻双方可以对保单的购买、管理和使用进行充分沟通和协商，以确保双方的权益得到充分保障。

10.7 保费豁免功能的实际应用

保费豁免功能是一种附加于保险合同之上的特定条款，目的在于为投保人、被保险人提供额外的风险保障。具体而言，当投保人或被保险人出现特定的情况（如身故、残疾、重疾或轻症疾病等），由保险公司获准，同意投保人可以不再缴纳后续保费，保险合同仍然有效。

保费豁免功能主要有以下几个。

应用场景

首先,那些工作收入不稳定或面临较高职业风险的群体,如职业股民、中小企业主等,选择购买具有保费豁免功能的保险,无疑是一种切实有效的策略,可以规避可能发生的意外事故对保单带来的潜在不利影响。在意外事故发生之后,被保险人的收入可能减少或失去收入,导致无法继续支付保险费用。而保费豁免功能可以在特定情形下,确保保险持续有效,从而切实维护被保险人的合法权益。

其次,如果家族有遗传病史,则家族成员购买具备保费豁免功能的保险尤为重要。由于患病概率高于普通人,一旦家族成员被确诊患有相应疾病,治疗往往需要花费巨额资金。同时,疾病可能对其工作能力造成影响,进而导致收入减少。在此情形下,保费豁免功能可有效缓解患者的经济压力,确保其治疗进程持续推进,且保险责任不会因之产生任何变动。

最后,对家庭的经济支柱而言,购买具有保费豁免功能的保险十分有必要。一旦家庭主要经济支柱遭遇意外疾病或事故,家庭经济状况将急剧恶化。在突发状况发生时,保费豁免功能有助于稳定地保持保险责任的履行,进而有效减轻家庭所面临的经济负担。

例如,张先生是家庭的经济支柱,他作为投保人为自身及配偶分别购置了具备被保人豁免功能的多次赔付 A 款终身重疾险,缴费期限为 30 年。在认真考虑实际情形后,张先生额外为配偶的重疾险附加了投保人豁免。在缴费期的第 5 年,张先生不幸罹患恶性肿瘤,随即向保险公司报案。保险公司核实情况后,向张先生支付了重疾保险金,并豁免了其配偶保单的后续保费,合同依然有效。

总之，保费豁免功能作为一种附加保障措施，能够为投保人、被保险人提供额外的风险保障。通过选择具备保费豁免功能的保险产品，在面对意外风险时，投保人、被保险人的经济压力得以减轻，保险权益不受影响。

10.8 投保人离世，保单如何处理

2023 年，陈伯不幸离世，他的家属在办理其后事的过程中，意外发现一份保单。该保单是陈伯在 13 年前为其独孙所投保的保险，每年需缴纳保费 2 万元，共计 5 年缴清。陈伯离世后，他的三位子女因保单的归属及处理方式而产生纷争。

当投保人不幸离世时，其留下的保单需要遵循一系列的法律和保险条款进行处理。这不仅是对逝者的尊重，也是对受益人权益的保障。

如果投保人与被保险人是同一人，即自己给自己投保，处理起来较为简单。如果不幸发生保险事故，保险公司会根据合同条款进行理赔，按约定履行合同。

如果投保人与被保险人非同一个人且投保人不幸离世，则分以下两种情况处理，如图 10-3 所示。

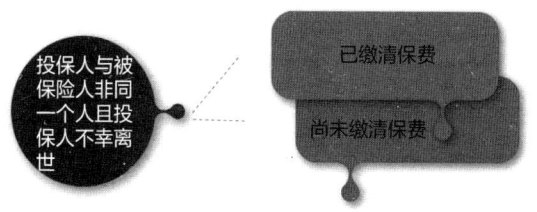

图 10-3 投保人与被保险人非同一人且投保人不幸离世的保单处理情况

1. 已缴清保费

如果投保人已全额缴清保费，则在其不幸离世后，保单将保持有效状态，直至合约约定的终止日期。在此情形下，投保人的离世对保单本身的效力不造成影响。在发生需要理赔的情形时，即便投保人已经离世，受益人依然可以根据保单条款中的相关规定，向保险公司提出正式的理赔申请，而不必担忧保单的有效性会受到影响。

2. 尚未缴清保费

如果保单包含投保人豁免责任，且投保人的意外离世情况符合条款要求，那么投保人离世将触发该条款。在此情况下，即使保费尚未缴清，保险合同依然有效，不用继续缴纳保费。当被保险人遭遇理赔情形时，理赔流程不会因此受到影响。

如果保单设有第二投保人作为备选，一旦原投保人不幸离世，第二投保人将自动承担原投保人的角色，并继承其相关权利与义务，继续履行保单的缴费职责。

如果上述两种情况均不存在，保单将作为投保人的遗产，进入遗产继承流程，保单现金价值将分割给继承人。

由于保单直接涉及被保险人的风险保障和受益人的权益分配，假设投保人在保单期间内很早就离世，此时直接分割现金价值，该保单的保险利益可能会产生较大减损。

因此，对于这类保单，最优的选择是在保单继承人中重新选定新的投保人，继续缴费，直至一个合适的时点再决策是否退出。

在实践中，当需要从保单继承人中重新选定一个新的投保人

（保单持有人）时，会出现以下两种情况。

（1）全体继承人可以达成一致意见。在投保人身故后，如要变更投保人（第二投保人除外），需要全体继承人均到场，同意指定一名新投保人（签订放弃继承权的文件）。

（2）全体继承人无法达成一致意见。这种情况下，只能全体继承人向保险公司申请解除保险合同，退保后取回保单现金价值，再按遗产继承法对现金价值进行分割。

同时，法律对于被保险人的权利设定有专门的救济方式，即在原投保人的继承人拟解除保险合同时，如果被保险人想留住保单，并将投保人变更为自己的，可以向投保人的继承人支付保单现金价值，并通知保险公司。

第 11 章

家族信托：关键财富继承工具

自古以来，财富的传承和继承一直是家族发展的核心。随着时代的变迁和家族财富的积累，如何有效地传承和管理宝贵的财富成为摆在家族面前的一大难题。作为一种专业的财富管理工具，家族信托的重要性日益凸显，成为许多高净值家庭实现财富传承的关键路径。

11.1 家族信托的场景与价值

家族信托指的是信托公司接受个人或家庭的委托，专注于家庭财富的保护、传承和管理。通过这一机制，信托公司提供了一系列定制化的服务，涵盖财产规划、风险管理、资产配置、子女教育、家族治理及公益事业等多个方面。

这种信托方式的主要目标在于确保财产的顺利传承，并预防可能出现的继承纠纷。此外，它还有助于实现财产的固定稳定配置，从而防止因子女挥霍无度或争夺财产而引发家庭矛盾，进而保障家庭关系的和谐与家族企业的正常稳定运营。

相对于遗嘱，家族信托的优势更加鲜明。具体来说，家族信托的一个显著特性是将财产的所有权与收益权分离。一旦资产被纳入家族信托的框架内,便不再受委托人个人状况(如离世、婚姻解体或经济破产)的影响,确保了信托财产的独立性。此外,这样的安排还避免了未来需要缴纳高额遗产税,有效地降低了财富传承的成本。

家族信托的架构常依据家族成员的实际需求、财富规模、具体情况、家族风险承受能力的评估结果及税务规划等因素,进行精细而个性化的定制设计。它涉及信托合同、受益人权益、信托财产管理等多个方面,旨在确保信托资产的安全、增值和顺利传承。

家族信托的应用场景主要有以下几个。

1. 债务风险隔离

家族信托能够有效地确保债务风险不会波及已划归信托名下的家族资产。一旦企业陷入破产等不利境况,得益于信托制度的隔离保护机制,已纳入信托的资产将不会受到债务纠纷的波及,从而保障了家族财富的安全与稳定。

2. 防止子女挥霍财产

家族信托允许委托人根据自己的意愿设定受益人的收益分配方式和条件。例如,可以设定子女在达到一定的学业成绩或取得一定的成就后才能获得更多的资金支持;子女每月或每年只能获得多少资金等。这种定向分配和条件限制能够有效地约束子女的消费行为,防止他们挥霍财产。

3. 婚前财产保护

家族信托是保护个人婚前财产的一种有效方式,通过将婚前财产置于信托管理之下,确保个人隐私得到充分保障,防止信息外泄。同时,家族信托还实现了对婚前财产的隔离保护,使得在出现婚姻变故的情况下,相关资产能够保持其独立性,避免被纳入夫妻共同财产范畴,进而免遭分割。

例如,作为一家上市公司的创始股东,李先生因一直忙于事业没有结婚。近年来,李先生开始考虑如何有效保护和管理自己的婚前财产。经过一番深入了解和比较,他决定采用家族信托这一高端财富管理工具。

李先生决定将其主要财产设立为一份婚前财产隔离家族信托,受托人是专业的信托公司,而受益人则包括李先生本人、其父母及其未来的子女。在信托设立后,如果李先生有资金需求,他可以根据事先约定的规则向受托人提出提取申请。在受托期间,信托财产将由专业的团队进行投资运作,以实现资产的稳健增值。需要注意的是,这些投资所产生的收益将全部纳入信托财产之中,作为信托财产不可分割的一部分。

基于信托目的的自由性特征、信托财产的独立性,以及信托受益人的未来属性,家族信托逐步衍生出多重价值,如图11-1所示。

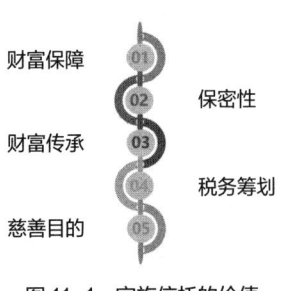

图11-1 家族信托的价值

1. 财富保障

家族信托能够实现信托财产与家族成员个人财产的隔离，这意味着家族财富不会因家族成员个人的能力、债务、婚姻、刑事追索或死亡等因素而遭受损失。债权人无权对信托财产进行追索，从而降低企业破产风险对家族财富可能产生的重大不利影响。

信托财产避免被强制执行，实现了家族财产的债务阻断功能。即便委托人因承担刑事责任而被罚没财产，其信托财产也不会作为个人财产予以追缴。

2. 保密性

家族信托可以对资产和当事人的信息进行保密。分配方式的单独披露，可以避免分配不均引发家族内部矛盾。

3. 财富传承

高净值家族的资产规模庞大且形式多样化、分布广泛，传承过程较为复杂。作为一种有效的工具，家族信托可以对现金、不动产、股权等各类资产进行统一的传承规划和分配，从而简化了财富传承手续。

4. 税务筹划

不同国家和地区的税收政策差异较大，通过合理设立家族信托，家族可以在一定程度上实现税务优化。例如，将资产转移至低税地区的信托中，可以降低遗产税、所得税等税负。同时，家族信托还可以通过灵活的资产配置和收益分配方式，减轻家族的税务负担。

5. 慈善目的

慈善事业一直是高净值家族所重视的领域之一。家族信托不仅能够实现财富的传承和保值，还可以通过与慈善信托结合推动慈善事业的发展，回馈社会，展现家族的责任感和使命感。

综上所述，家族信托在财富传承与保护方面发挥着不可替代的作用。随着越来越多的高净值家族开始关注并应用家族信托，其应用场景和价值将得到进一步挖掘和拓展。

11.2 以家族信托定制多场景下的所有权结构

在家族信托的框架下，定制多场景下的所有权结构是一项既复杂又精细的工作。它不仅需要深入理解信托法律与税务规则，还需对家族成员的需求、家族企业的发展战略及市场动态有清晰的了解。在同一家族中，不同家族成员对财富持有及传承的态度具有多样性，往往存在两种截然不同的理念：所有者理念和保管者理念。

所有者理念倾向于将家族财富进行完全的个人化分配，使每位成员以所有者的身份独立管理和使用这些财富，同时享有相应的处分权。在这种理念下，家族成员不必共享财富或企业，个体通过继承获得的财富不需要顾虑后代，也不必承担为后代妥善管理财富的责任。他们甚至不介意财富在自己这一代终止，因此会随意支配和使用财富。

保管者理念与所有者理念形成鲜明对比。在保管者理念下，家

第 11 章　家族信托：关键财富继承工具

族成员是共同财富的持有者及共同企业的参与者，从先辈那里继承而来的财富，无论由谁负责管理，都应当视为家族的共有资产。管理者的角色并非所有者，而是作为保管者，肩负着为整个家族妥善管理这些财富的重任。因此，在对待遗产、责任、风险、投资、消费及下一代教育等问题时，保管者理念持有者所表现出的态度与所有者理念持有者存在显著的差异。

基于对实际情况的考量，为实现家族财富传承的长远目标，很多家族领导者通常秉持"统分结合"的财富管理理念。这一理念旨在寻求家族成员个人需求与家族整体利益之间的和谐与平衡。具体而言，家族领导者应充分尊重并考虑到每位家族成员的生活保障与事业发展需求，因此，对于部分家族财富，家族领导者采取所有者理念，将该部分财富直接分配给个人，以满足个人需求并助力其实现事业目标。而针对另一部分家族财富，家族领导者秉持严谨的保管者理念，将其视作家族的共同资产，并致力于实现该部分财富长期价值的保持与提升，以及传承管理的优化。这样的做法可以确保家族财富能够持续稳定地为家族带来福祉，从而实现家族财富的稳健增长与长久传承，推动家族的长远发展。

特步公司的丁氏家族信托具有两大显著特点。

（1）丁氏家族长子丁水波、次女丁美清及三子丁明忠三人分别独立设立了家族信托，而非将全部权益集中整合于单一信托之内。此举能够确保他们在家族财富管理与传承上都具有独立性和自主性。

（2）丁氏家族在 BVI（The British Virgin Islands，英属维尔京

群岛）设立了万兴控股，丁水波、丁美清及丁明忠三人持有相应的股份。

万兴控股全资掌控的 BVI 公司群成控股持有特步上市平台超60%的股权。因此，万兴控股等相关公司被归为家族控股公司。特步采用了多信托家族与家族控股公司相结合的独特所有权结构，旨在确保资本的有效运作和企业的稳健发展。

综上所述，特步丁氏家族通过"多家族信托＋家族控股公司"的所有权结构，实现了家族财富的安全传承与高效运作。这一结构既满足了家族成员个性化的需求，又确保了家族财富的整体安全和增值。同时，通过精细化的架构设计，家族还能够优化资源配置、提升运营效率，并降低潜在风险。这种所有权结构为其他家族企业提供了有益的借鉴和参考。

11.3　为何家族信托会火

如今，人们对家族财富保护和传承的需求日益增强。作为一种高效的财富管理工具，家族信托成为许多高净值家族的首选。它能够确保家族财富在跨代传承中保持完整性和连续性，避免因为继承纠纷或税务问题导致财富流失。从实践上来看，家族信托的特点如图 11-2 所示。

第 11 章　家族信托：关键财富继承工具　221

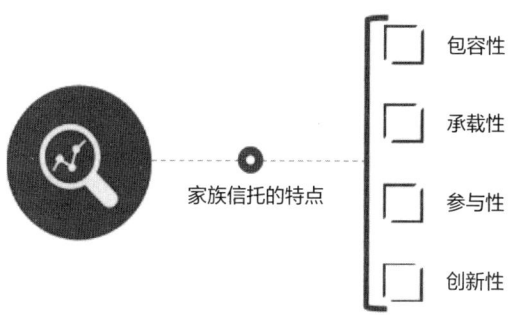

图 11-2　家族信托的特点

1. 包容性

家族信托不仅可以包容所有的财富类型，还可以包容所有的家庭成员。无论是现金、股票、房产，还是艺术品等形式的财富，都可以纳入家族信托的范畴，确保各类资产得到统一的规划和保护。同时，家族信托也可以为不同辈分、不同身份的家族成员提供个性化的财富安排，以满足他们的需求和期望。这种包容性使得家族信托成为一个能够全面覆盖家族财富和家族成员需求的综合性解决方案。

此外，家族信托的包容性还体现在对受益人范围的灵活设定上。家族信托的受益人可以是家族成员，也可以是家族企业的员工、慈善机构等。这种广泛的受益人范围，使得家族信托不仅能够满足家族内部的财富传承需求，还可以实现家族的社会责任和价值追求。

例如，一些家族在设立信托时，会将一部分收益指定用于资助家族企业员工的子女教育，或者捐赠给慈善机构，回馈社会。这种做法既体现了家族的人文关怀和社会责任感，又能够为家族树立良好的社会形象。

2. 承载性

家族信托可以承载所有的标的,不仅限于个人,也涵盖企业、机构等多元化实体。此外,家族信托在家族治理中的有效应用,使得其可以作为家族文化与社会资本的重要载体,进而成为培育家族情感与人力资本的摇篮。

3. 参与性

家族信托鼓励家族成员积极参与家族治理,例如,设立家族理事会或相应机制,家族成员共同参与家族信托管理与决策,确保信托运作符合家族整体利益与长远规划。与传统继承方式相比,家族信托更加注重家族成员之间的沟通与协作。

家族信托的参与性不仅有助于增强家族成员之间的凝聚力和信任感,还能够培养他们的责任感和使命感,促进家族文化的传承和发展。

4. 创新性

随着科技不断进步和相关法规不断完善,家族信托可以结合新的技术和模式,为家族提供更高效、更便捷的财富管理服务。例如,一些信托机构推出了线上家族信托服务平台,客户可以通过互联网随时随地查询信托资产的状况、参与信托决策、获取专业的财富管理建议等。这种创新的服务模式,不仅提高了家族信托的管理效率和便捷性,还为客户提供了更加个性化、智能化的财富管理体验。

此外,家族信托的创新性还体现在其与其他金融工具的融合和创新方面。例如，家族信托可以与保险、遗嘱等金融工具相结合，形成更加完善的财富管理方案。通过与保险的结合，家族信托可以实现资产的风险保障和财富传承的双重目标；通过与遗嘱的结合，家族信托可以确保家族财富的传承更加规范和有序。

综上所述，家族信托具有多种特性，在家族财富保护和传承方面发挥着越来越重要的作用。随着人们家族财富保护和传承意识的不断增强，家族信托的发展前景将更加广阔。

11.4 家族信托发展的关键问题

随着社会经济的快速发展，家族信托受到越来越多富裕家族的青睐。然而，家族信托在发展过程中也面临着一系列问题，这些问题不仅影响信托业务的顺利进行，也关系到信托公司的声誉和长远发展。

首先，信托登记制度仍需进一步完善。目前，信托登记的核心内容主要依据《中华人民共和国信托法》（以下简称《信托法》）及《信托登记管理办法》这两部法规中的规定。值得注意的是，《信托登记管理办法》仅为部门规范性文件，其法律效力层级相对较低。此外，该办法主要聚焦信托产品及其受益权信息的登记，未能全面覆盖信托登记的其他重要方面。而《信托法》中关于信托登记的规定则主要聚焦财产权属流转登记，与《信托登记管理办法》的内容存在一定的不匹配之处。

家族信托业务涉及非资金形态信托财产的交付，如不动产、股权等，仍需遵循交易过户的既定流程，此过程中伴随较高的交易税费成本。此外，鉴于信托业保障基金的收取规则尚未作出相应调整，那些通过资金作为过桥手段初始设立的信托项目，还需额外缴纳相当数量的信保基金，这无疑会对委托人的设立意愿产生直接的负面影响。

其次，信托税收制度尚不健全。目前的税法及相关的法律法规对信托税收事项缺乏足够明确的规则与之匹配，如参照适用常规税收规则可能出现重复纳税等问题。例如，委托人在以不动产、股权等财产设立信托的过程中，可能因信托财产权属变更而需要缴纳相应的税费。信托关系的特殊性，这些税费可能并不完全适用于信托业务，从而导致重复纳税或产生税负过重的问题。这不仅增加了家族信托的运营成本，还可能降低其吸引力。

再次，国内信托实践方面存在一些局限性。过去，国内信托业务主要聚焦集合信托产品，其设计、发行与运作方式与银行理财、私募基金等资管产品并无显著区别。而对于家族信托等本源类业务的深入探讨仍显欠缺，且家族信托业务对信托公司的运营保障和系统支持能力提出了较高的标准与要求。因此，大多数信托公司倾向于采用批量化、格式化、产品化的策略进行业务拓展，这在一定程度上限制了国内信托实践的深度和广度。

例如，为了充分满足客户对信托内财产保持控制力的合理需求，在信托合同的条款设定中，通常会赋予委托人相对宽泛的权益，以确保其能够在符合法律法规的前提下，有效行使对信托财产的管理与决策权。

同时，在实际操作中，信托公司也会认可委托人向信托发出的指令或提出的要求，这可能被视作信托财产仍处在委托人的实际控制之下。而且，信托合同条款的批量格式化对家族信托的灵活性产生了影响，它限定了客户可以选择的信托运作方案及收益分配方案的范围。

最后，鉴于目前国内信托相关法规与司法实践尚显不足，当家族信托遭遇诉讼纷争时，难以预先准确评估司法裁判尺度，导致存在较大的不确定性，难以形成稳定的司法预期。

针对这些核心问题，信托行业应致力于信托文化的广泛传播与深入普及。通过构建多层次、全方位、多案例的宣讲体系，增强包括高净值人群在内的公众对信托的全面理解，进而使公众更加深入地认识信托、接纳信托，并在此基础上逐步建立起坚实的信托关系。

此外，信托行业需倡导并推动信托配套制度的健全与发展，允许委托人以信托合同为法定依据，将非上市企业股权、不动产及上市企业股票等资产纳入家族信托的交付范畴。信托行业还要明确界定信托在设立、运行、分配等环节中的相关税收内容、征税对象及计算方式，以有效避免重复征税的问题，确保税收制度的公平性和合理性。值得注意的是，信托行业还要在实践过程中持续推动信托业务具体规则的形成。

综上所述，家族信托在发展进程中面临着诸多挑战。只有持续完善相关制度体系、加强信托文化的宣传推广、呼吁加强信托配套制度建设，并在实践中不断明确信托业务的具体规范，才能推动家族信托业务实现健康、稳定、可持续的发展。

11.5 设立家族信托的注意事项

设立家族信托是一项极为复杂且专业的法律及金融活动，旨在确保家族财富得以有条不紊、稳妥可靠地传承至后世子孙，满足家族长远的规划与愿景。

例如，在某公司赴美上市之际，该公司总裁的前妻要求重新分配股权。理由是在双方婚姻存续期间，该总裁占有公司 95% 的股份，其中 76% 为夫妻共有财产。该总裁前妻对财产分配问题提起诉讼后，法院立即冻结该公司 38% 的股份并禁止转让。此次离婚官司导致该公司的上市计划推迟。

最终，该总裁花费 1 年时间和 700 万美元的代价才了结诉讼。当他再次融资时，已经错过了上市的黄金时期，公司上市后境遇惨淡，首日股票即下跌 12%，公司市值仅 7.1 亿美元。最终，公司被同行业另一家公司收购，该总裁被迫辞职。

这一案例充分展示了婚姻状况对企业发展的潜在影响。为避免此类风险，企业家可以考虑采用家族信托的方式，将财产和股权进行转让，并指定受益人为自己或家族成员。在家族信托的保护下，即便企业家的婚姻状况发生变化，也不会对公司的股权结构产生影响。此外，家族信托还能确保离婚后的信托财产不被分割，从而保障公司股东投票权等权益不受影响。

家族信托并非仅仅是一种浅层次的理财产品，而是经过深入考量与精心策划所形成的严谨且缜密的法律架构。此架构的核心组成部分包括委托人、受托人及受益人，并配备有明确的资金分配规

第11章 家族信托：关键财富继承工具

则，以确保其运作的规范性和有效性。

值得注意的是，家族信托内的资金并非直接交付于信托公司，而是由委托人审慎选择一家信誉良好的银行，设立一个私人账户作为专门的托管账户。家族信托的受托人则负责代为管理这一托管账户内的资金，以确保资金的安全与合规运作。

想要设立家族信托，家族领导者要注意以下几个方面。

（1）明确设立家族信托的目的与目标至关重要。在设立家族信托之前，家族成员应充分讨论并明确设立信托的具体目的和期望达到的效果。

（2）家族信托作为一种高度专业化的金融工具，能够集中、高效地管理委托人的个人财产，并严格按照预先设定的投资组合策略进行精准投资运营。

（3）银行提供信托资金保管服务。所谓信托资金保管，即银行作为受托方，负责安全、妥善地保管信托计划的全部财产。在此基础上，银行还进一步为所保管的信托计划提供资金清算、会计核算、资产估值、投资监督及托管报告等一系列专业服务。

（4）完成信托设立手续并监控其运作情况是有必要的。这包括向相关机关提交必要的文件和申请，以确保信托的合法性和有效性。同时，家族成员应定期与受托人沟通，了解信托的运作情况和财务状况，并根据需要进行调整和优化。

总之，设立家族信托是一项极重要且复杂的任务，要求高净值家族必须充分准备、谨慎操作。在财富管理的过程中，及早规划与设立家族信托是关键，有助于提前识别和规避潜在的财富风险。

11.6 设立家族信托的6个误区

在财富管理领域,家族信托日益受到高净值人群的关注。但由于对家族信托的认识不足,许多人在设立家族信托时容易陷入误区。

误区一:目标与计划不清晰

首先,信托的设立必须严格遵循法律法规,不得以规避债务为动机而设立信托。其次,信托的目的必须清晰明确。但许多人设立家族信托时缺乏明确的目标和计划,盲目跟风或听信他人建议,导致信托效果不佳,甚至引发纠纷。因此,在设立信托之前,必须对家族成员的需求和期望进行深入了解,并明确信托的具体目的和实施计划,以确保信托能够为家族带来长远的利益。

误区二:没有合适的受托人

在设立家族信托的过程中,选择合适的受托人至关重要。为确保受托人具备专业能力和良好的信誉度,委托人需要对候选人进行详尽的背景调查和面试。这一流程旨在筛选出那些具备高度专业素养和良好声誉的受托人,以保障家族信托的稳定运营和委托人的核心利益。

误区三:未能充分考虑到家族成员的需求与期望

设立家族信托虽出于善意,但可能产生预期外的结果。因此,在设立信托时,需全面、理性地考虑家庭成员的需求与期望,以确保信托合规并实现家族财富保全与传承。

例如,某委托人在信托条款中规定,当受益人年满28岁时,就具备资格申请领取高达 200 万元的创业基金。如果受益人尚未完成学业或更倾向于将资金用于慈善事业而非创业,他可能会为获取这笔资金而成立一家空壳公司。

为预防此类问题,家族信托机构通常设立信托分配委员会。该委员会秉持公正的原则,根据成员需求与实际表现,审慎分配资金。例如,当成员创业成果显著时,委员会会酌情为其提供资金支持。

误区四:受益人不清晰、明确

如果受益人的身份不明确,就可能对信托的有效执行产生严重的负面影响。以下列举了一些可能致使受益人身份模糊或无法明确界定的原因。

首先,受多种因素的影响,如新生儿降生、新成员通过婚姻关系加入家族等,家族成员的数量会发生变动,可能导致受益人范围的界定变得复杂而困难。此外,在确定受益人身份时,还需考虑到继子女、非婚生子女、收养的子女等复杂多样的家庭构成情况。

其次,家庭成员因结婚、离婚、收养等原因可能离开或重新加入家族,导致信托受益人范围变动,使受托人难以精确掌握受益人状况。

最后,家族成员间的争执或纠纷也是一个不容忽视的重要因素。纠纷可能导致部分成员无法被列入受益人范畴或被剥夺其应有的受益权益。

受益人范围或身份不明确可能导致法律纠纷与信任危机,对此,委托人和受托人需要协商,并根据实际情况审慎修订信托文件，以确保信托合法、有效，信托目标得以顺利实现。

误区五：信托财产的不确定性

首先，信托涉及未来财产问题。委托人未来可能取得的财产，包括从遗产中继承的资产和未来业务盈利等，在设立信托时难以精确界定。

其次，在信托文件中只描述了信托财产的大致范围，并未具体指定某项财产。例如，信托文件中可能并未列出具体的财产清单，只简单地提到信托人名下的所有财产。此外，信托文件可能没有指定财产内容，只是使用简单的表述来描述信托财产。

最后，需要特别指出的是，艺术品、不动产等资产的实际价值可能受到市场状况的影响，因此需根据市场情况进行专业评估。如果信托财产中包含此类资产，在完成评估之前，其确切价值难以确定。

针对各类可能出现的情形，为有效规避潜在风险，委托人应采取严谨且稳妥的措施。例如，明确信托财产的权属关系，以确保权属清晰明确，从而为后续操作奠定坚实基础；审查修订信托文件，充实完善内容，明确财产范围和价值。这些措施能够确保信托合法有效，保障委托人和受益人权益不受侵害。

误区六：没有考虑到信托的时间限制

鉴于永续信托可能对私有土地制度产生潜在影响，全球很多国家和地区对其明令禁止。如果土地所有权长期锁定在家族信托中，会阻碍土地自由流通、降低交易效率，并限制土地的改进和有效利用。

反对永续信托的主要观点如下。

首先,永续信托可能加剧财富过度集中,导致社会阶层固化,不利于社会结构优化。

其次,市场规则要求财富自由流动以实现其价值。但永续信托可能使财富长期固化于某一家族或群体,限制其增值和贡献。

最后,鉴于人的理性存在局限性,委托人或许怀有制定完美且持久的信托规则的愿望,然而这些规则随时间推移可能逐渐丧失其适用性。因此,相较于追求永恒不变的规则,设定合理的终止期限更为可取,便于在必要时进行调整与优化。

11.7 家族信托的运作模式

家族信托的运作模式独特且复杂,能够实现家族财富的长久传承和有效管理,如今已成为很多高净值人士保护家庭财富的首选。家族信托的运作模式如图 11-3 所示。

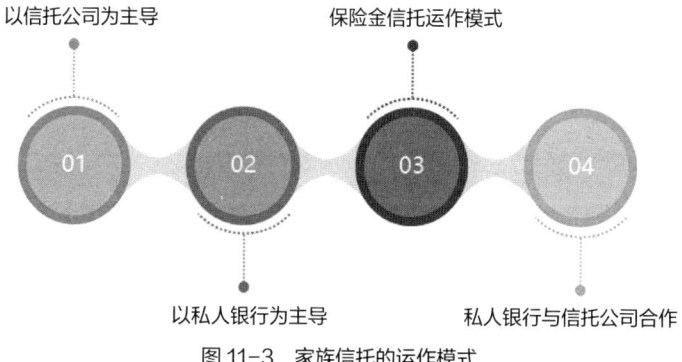

图 11-3 家族信托的运作模式

1. 以信托公司为主导

在以信托公司为主导的家族信托运作模式下，信托公司作为受托人，依据委托人意愿设立并管理家族信托。信托公司提供全方位的家族信托服务，包括投资管理、财产分配、税收规划等，以确保信托财产的安全、增值和有序传承。

2. 以私人银行为主导

在这一模式下，私人银行在信托业务运作中扮演着核心角色。它们凭借自身拥有的丰富高净值客户资源和专业的产品营销团队，为客户提供全方位的金融产品顾问服务，包括购买信托产品、保险产品等，并为客户提供便捷的购买渠道。相对地，信托公司在这一模式下处于从属地位，它们主要负责执行私人银行已经规划好的投资策略和信托产品设计，发挥的更多是渠道的作用。

3. 保险金信托运作模式

保险公司与信托公司合作的模式被业界称为"保险金信托"模式。此种模式成功实现了信托服务与保险服务的深度结合，显著降低了设立家族信托的难度，为广大客户提供了更加便捷、高效的服务体验。

在这种模式下，委托人先购买一份或多份保险，将保险金受益权作为信托财产，设立家族信托。当保险事故发生时，保险金自动转入信托账户，由信托公司或私人银行管理。受托人按信托合同约定的方式进行投资与财产分配，保障受益人权益。

保险金信托运作模式充分利用了保险的杠杆效应和信托的灵活性，能够在保障家庭财富安全的同时，实现财富的增值和传承。

在保险金信托运作过程中,信托公司和私人银行发挥关键作用。它们需要根据委托人的需求和风险承受能力,制定合理的投资策略,以确保信托财产的安全和稳定增值。同时,它们还需要协助委托人进行税收规划,以减轻税负,提高信托财产的收益。此外,在保险金信托财产分配方面,受托人将根据信托合同的约定,按照委托人的意愿,将信托财产分配给指定的受益人,实现家族财富的有序传承。

4. 私人银行与信托公司合作

在这一模式下,私人银行与信托公司携手建立紧密的战略合作关系,双方充分利用各自优势资源,在信托产品设计、潜在客户分析、客户需求深挖及投资策略优化等多个关键环节实现互补与协同。私人银行扮演着财务顾问或检察人的角色,确保委托人的信托目的得以高效且精准地实现。

11.8 "六性"决定家族信托的未来

设立家族信托需要遵循"六性":合规性、价值性、家族性、系统性、可适性、持续性。在深入探究"六性"如何决定家族信托的未来之前,首先要明确家族信托并非简单的财富传承工具,而是融合了法律、金融、税务、家族治理等多个领域的综合性制度安排。这种复合性特点,使得家族信托的每一个原则都不可缺少,它们相互支撑,共同构成其独特的价值和功能。

1. 合规性：基石稳固，风险规避

合规性是家族信托存续与发展的前提和基础。它不仅要求信托公司及其从业人员严格遵守国家法律法规、监管政策，还涉及信托合同的合法合规性审查、信托财产的合法来源确认、信托目的的正当性评估等多个层面。

在设立家族信托时，必须确保所有法律文件的完备性、合法性，以及信托目的符合社会公共利益和法律法规的要求。此外，随着外法律法规的不断更新和完善，家族信托还需定期审视其合规性，及时调整策略，以适应新的法律环境，有效规避法律风险。这要求信托公司具备强大的法律研究能力和风险控制机制，以确保家族信托在复杂多变的法律环境中稳健运行。

2. 价值性：财富增值，世代传承

价值性是家族信托的核心使命之一，旨在通过专业的投资管理和资产配置，实现信托资产的长期增值。这要求信托公司具备专业的投资顾问团队，能够结合市场趋势、家族风险偏好、税收政策等因素，制定个性化的投资策略。

价值性还体现在对家族非物质财富的传承上，如家族精神、企业文化、社会责任等。通过设立家族基金、家族慈善项目等形式，不仅可以促进家族成员之间的情感交流，增强家族凝聚力，还能将家族价值观和社会责任感传递给后代，实现家族精神与文化的世代传承。

3. 家族性：情感连接，精神传承

家族性是家族信托区别于其他财富管理工具的关键所在。它不

仅关注家族财富的物质传承，更重视家族情感与精神的延续。通过设立家族会议、家族宪章、家族信托委员会等机构，可以促进家族成员之间的沟通与协作，增强家族认同感与归属感。

同时，家族信托还可以作为家族文化传承的载体，通过设立家族教育基金、支持家族成员创业、参与家族慈善事业等方式，将家族精神、价值观和社会责任感传递给后代，培养家族成员的责任感和使命感，确保家族在物质和精神层面都能得到长远发展。

4. 系统性：全面规划，协同管理

系统性要求家族信托在设立之初就进行全面细致的规划，涵盖财富规划、税务筹划、法律安排、教育规划、健康管理等多个方面。这要求信托公司具备跨领域、跨行业的整合能力，能够协调各方资源，为家族提供一站式、全方位的财富管理服务。

家族信托还需与家族其他资产、企业、慈善项目等实现有效协同，以确保家族整体利益的最大化。这要求信托公司具备强大的项目管理能力和数据分析能力，能够实时监控家族资产状况，及时调整投资策略，确保家族信托在复杂多变的市场环境中保持稳健发展。

5. 可适性：灵活调整，应对变化

可适性强调家族信托应具备高度的灵活性与适应性，能够根据家族成员的需求变化、市场环境的变化及法律法规的调整，及时作出调整与优化。这要求信托公司具备敏锐的市场洞察力和创新能力，能够预见并应对潜在的市场风险和挑战。

家族信托还需建立有效的沟通机制，定期与家族成员沟通，了解他们的需求和期望，以便及时调整信托策略，确保家族信托始终能够满足家族的长远发展需求。

6. 持续性：长远发展，基业长青

持续性是家族信托追求的最高境界，它意味着家族信托不仅要在短期内实现财富的保值增值，更要在长期内保持稳健发展，成为家族世代相传的基石。这要求信托公司具备长远的眼光和卓越的治理能力，能够跨越时间的长河，为家族提供持续、稳定的服务与支持。

为实现这一目标，信托公司需要不断培养专业人才、提升服务质量、优化管理流程，确保家族信托在传承过程中始终保持高效、稳健的运行状态。同时，家族信托还需建立有效的传承机制，以确保在家族成员更迭、市场环境变化等情况下，信托能够顺利交接并继续发挥作用，为家族的永续发展提供有力保障。

综上所述，合规性、价值性、家族性、系统性、可适性和持续性这"六性"，共同构成了家族信托未来发展的关键要素。在未来的发展中，家族信托将更加注重这些要素的综合运用，不断提升其财富管理能力和服务水平，为高净值人群提供更加专业、高效的家族财富管理方案。

11.9 保持柔软：随时适应变化

家族信托保持柔软，不仅体现在其灵活适应外部环境变化的能力上，更在于其内在的柔韧性和前瞻性。这种柔软既是对市场波动的敏锐洞察，也是对家族传承理念的深刻理解。

第 11 章　家族信托：关键财富继承工具

在当今这个日新月异的时代，经济环境、政策法规乃至家族成员的需求都在不断变化。因此，在筹划家族信托的过程中，信托团队应保持前瞻性的思维，全面且细致地考虑可能出现的各种情形及变化因素，并据此确定相应的措施。这些措施旨在确保信托的稳定运行，从而保障家族的长远利益。

家族信托的柔软还体现在其对家族传承理念的尊重与传承上。每个家族均承载着其独有的文化底蕴与价值观念，这些深厚的传统与理念构成了家族信托设计与实施的核心基石。家族信托的设立务必恪守定制化的基本原则，缺乏定制化的家族信托无法有效根据各个家族的特异性进行灵活调整，无法确保所有权结构和治理安排的弹性与适应性，因此，定制化对家族信托的稳健运作至关重要。

尤为关键的是，定制化的过程同时也是对家族成员进行家族信托教育的重要环节。如果未经过这一定制化过程，家族成员往往对家族信托缺乏基础的认识和理解，这可能导致未来家族信托内部出现矛盾与纷争。因此，定制化是确保家族信托有效运作和维护家族和谐的关键因素。

此外，为了确保家族信托的稳定运行与高效管理，家族应该建立一套健全的调整机制，并精确界定其调整规则及操作流程。而且，受托人需在严格遵循相关法律法规及信托宗旨的前提下，积极接纳、配合或主动推动各项调整措施的实施。此举旨在有效预防信托因无序调整或陷入僵局而引发的不良后果，从而保障信托资产的安全与增值，维护受益人的合法权益。

综上所述,保持柔软是家族信托在复杂多变的环境中保持生命力和活力的关键。只有不断适应变化、尊重传承、勇于创新,家族信托才能为家族带来持久的财富。

第 12 章

代持方案：警惕陷阱是第一要义

在财富管理方面，代持作为一种有效的策略，提供了隐私保护和资产隔离的手段，但也带来了诸多潜在风险。高净值人士在通过代持寻求资产保护、法律规避的同时，也面临着代持人身故、婚变、道德风险等多重挑战。如何在享受代持带来的便利的同时，有效规避这些风险，成为高净值人士财富规划的关键。

本章将深入探讨各种代持方案，包括股权代持、房产代持、金融资产代持等，分析它们的风险并提出相应的防范措施，以期为家族财富的保全与传承提供更为安全和稳健的策略。

12.1 如何理解代持的风险

对许多高净值人士来说，代持是出于隐私保护、资产隔离的需求，经常会用到的一种方法。例如，经过多年的辛苦努力，王先生成功积累了一笔可观的家庭财富。出于对个人隐私保护及婚姻关系的慎重考量，他选择将大部分金融资产投资置于母亲名下，并委托同胞兄长代为持有公司股权。但近年来，其兄长与嫂子的关系日益紧张，多次表达离婚意向，同时其母亲年岁渐高，这令王先生担忧。鉴于当前的状况，王先生所面临的风险主要有以下几个。

1. 代持人身故

在代持情况下，如果代持人没有留下有效的遗嘱或遗赠扶养协议特别指明代持资产的归属，这些资产在代持人身故后，原则上会按照法定继承的顺序，由代持人的配偶、子女、父母等法定继承人继承。

王先生的母亲年岁已高，如果其不幸离世，其所代持的金融资产投资将依法作为遗产，由王先生及其他三兄妹共同继承。

2. 代持人婚变

如果王先生的兄长婚姻关系破裂，其所代持的股权有可能被视为与其配偶的共同财产，在财产分割过程中被纳入考量。此外，在离婚诉讼过程中，出于司法保全的需要，这些资产也有可能被暂时冻结，直至相关法律程序完结。

3. 被代持人子女继承的风险

王先生育有一子一女，如果其子女一次性继承巨额财富，可能面临因缺乏管理经验、过度消费或遭受欺诈而引发的财富流失风险。

针对面临的代持风险，王先生可以采用以下有针对性的措施以规避潜在风险。

首先，对于代持人身故的风险，王先生可以考虑对代持资产进行适当的安排。例如，将部分资产转移至其他可靠的亲属或朋友名下进行代持，或者通过设立信托等方式，确保资产在代持人身故后能够按照王先生的意愿进行管理和分配。

其次，针对代持人婚变的风险，王先生应密切关注兄长的婚姻状况，并在必要时与兄长进行深入的沟通和协商。王先生可以与兄长签订一份详细的代持协议，明确双方的权利和义务，以及在出现婚变等意外情况时资产的处置方式。同时，王先生也可以考虑通过法律手段对代持资产进行保护，如设立质押、冻结等。

最后，关于被代持人子女继承的风险，王先生可以考虑对子女进行财富教育和管理能力的培养。通过专业的财富管理机构或家族办公室，为子女提供财富管理方面的咨询和指导，帮助他们树立正确的财富观念和理财意识。同时，王先生也可以考虑通过设立遗嘱或信托等方式，对子女的继承权进行规划和保护，以避免一次性继承带来的风险。

总之，作为一种常见的财富管理方法，代持虽然具有一定的便利性，但也存在诸多潜在风险。因此，在采用代持这一方法时，高净值人士应充分了解相关风险，并采取相应的措施进行规避和防范。借助专业的财富管理机构或律师的帮助，高净值人士可以更加稳妥地管理自己的财富，以确保财富的安全和顺利传承。

12.2 方案一：股权代持

股权代持也称委托持股、隐名投资或假名出资，是一种特殊的股权安排方式。股权代持主要适用于两种情况，一种情况：某些真实投资人出于种种考虑，不便公开自己的身份，特别是那些与公司存在特殊关联交易的人员，他们更倾向于借助股权代持的方式，隐藏自身身份信息。

另一种情况：部分实际出资人由于不符合公司章程对公司股东设定的限制性条件，无法直接成为公司股东，因而选择通过股权代持的方式间接持有公司股份。

高净值人士选择股权代持的目的主要如图 12-1 所示。

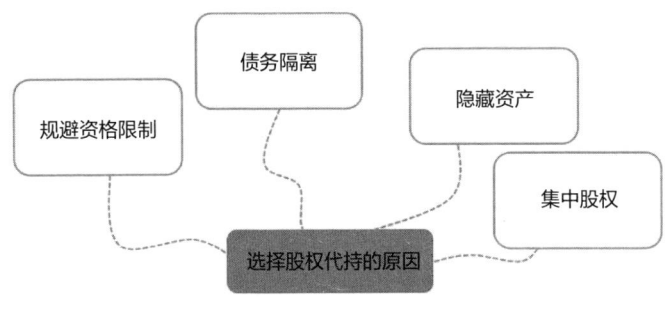

图 12-1　选择股权代持的目的

1. 规避资格限制

《商业银行股权管理暂行办法》第四条第一款规定："投资人及其关联方、一致行动人单独或合计拟首次持有或累计增持商业银行资本总额或股份总额 5% 以上的，应当事先报中国银行保险监督管理委员会或其派出机构核准。对通过境内外证券市场拟持有商业银行股份总额 5% 以上的行政许可批复，有效期为 6 个月。审批的具体要求和程序按照银保监会相关规定执行。"

在某些特定的行业或领域，可能存在着严格的股东资格限制。例如，一些行业对股东的国籍、资质、从业经验等有明确要求，高净值人士可能由于自身条件不满足这些要求,而选择由他人代持股权。

通过委托符合资格的人代持股权,他们可以间接参与到这些受限制的投资领域中,从而拓展自己的投资版图。例如,某些高科技产业可能要求股东必须具有相关的技术背景或研发经验。高净值人士虽然拥有雄厚的资金实力,但缺乏这些特定的资格条件。此时,他们可以找到具备相应资格的专业人士进行股权代持,以实现对这些有潜力领域的投资。

2. 债务隔离

在运营过程中,企业难免遭遇商业风险,当面临较大的负债压力时,企业可向银行提出融资申请以缓解资金压力。在此过程中,银行为保障其权益,通常会要求企业经营者、股东或实际控制人等提供连带担保。如果企业到期无法履行还款义务,提供担保的个人可能面临个人财产被执行的风险。因此,为避免个人财产受到波及,一些个人选择将财产转移至他人名下由他人代为持有,以实现资产与债务的有效隔离。

3. 隐藏资产

为避免实际资产或股东身份被公开披露,某些具有特殊身份或职务的人员会选择委托其信任的人士代为持有股权,但其仍可亲自参与公司的实际决策过程。

4. 集中股权

针对初创公司,创始人集中持有股权的策略能有效防止股权过度分散导致的表决权不集中问题,进而减少因运营决策效率低下而带来的成本浪费。

尽管股权代持可以提供许多便利，但也存在非常大的隐患。首先，在持股比例方面，公司股权在日后可能会面临诸多变化因素，例如，代持股权的比例并非永恒不变，在公司进行增资扩股时，股权比例有可能被进一步稀释，这会损害实际出资方的权益。

此外，代持人可能会滥用股东职权。出于保密性的考虑，某些股权代持行为可能仅通过口头形式进行约定，尤其是在被代持人高度信任代持人的情况下。在第三方对此不知情且缺乏相应证据的情形下，代持人有权对其名下股权进行分割继承。即便存在股权代持协议，也可能因法律关系不够明确而带来潜在风险。

股权代持协议应遵循一定的原则，以确保协议的合法性、明确性，以及保护各方权益。

首先，股权代持协议应符合法律法规的规定，这是确保协议合法性的基础。在签订协议前，双方应充分了解关于股权代持的法律法规，确保协议内容不违反法律规定。

其次，协议双方应当基于真实的意愿签订代持协议，不得存在欺诈、胁迫等情形。这要求双方在签订协议前进行充分的沟通和协商，确保对协议内容有清晰的认识和理解。同时，双方还应保证所提供的信息真实、准确，避免因虚假信息而引发纠纷。

然后，协议中应详细列明代持人和股权实际所有人的权利与义务，包括股权归属、收益分配、风险承担等。通过明确权利与义务，双方可以更加清晰地了解自己在协议中的位置和角色，从而更好地履行协议。

接着，代持协议不得侵害其他股东及第三方的合法权益。这要求双方在签订协议时充分考虑其他股东及第三方的利益，以避免损害他们的合法权益。例如，在股权转让时，应确保转让过程合法、公正，避免对其他股东造成影响。

最后，协议内容不得侵害社会公共利益或违反公共道德。这要求双方在签订协议时，不仅要考虑自身的利益，还要充分考虑社会公共利益和公共道德。例如，在环保、承担社会责任等方面，双方应积极响应政策和法律法规，履行相应的社会责任。

遵循以上原则，有助于确保股权代持协议的合法性和有效性，避免因协议不明确或违反法律法规而引发风险和纠纷。在实际操作中，双方应根据具体情况灵活应用这些原则，并结合专业人士给出的法律意见制定合适的股权代持协议。同时，对于可能出现的争议和纠纷，双方应提前约定解决方式和途径，以便在出现问题时能及时、有效地解决。

此外，为有效规避股权代持可能引发的潜在风险，家族企业应主动加强信息披露工作，积极公开财务报告及股东变动等关键信息，以提升信息透明度，降低财务风险与信息风险。此外，在与代持人签订代持协议前，被代持人需全面审查协议内容的法律合规性，确保各项条款均符合相关法律法规的要求，从而保障自身的合法权益。

12.3　方案二：房产代持

由于诸多因素的影响，房产的法定权利所有者可能与其实际所有权人并不相符，存在房产代持的现象。出现房产代持的原因主要有以下几点。

1. 购房指标不足

购房指标不足是导致这一现象的一个主要原因。一些城市出台限购政策，导致购房者无法购买多套房产。因此，一些人会选择将房产登记在符合购买条件的人名下，但实际上这些房产仍归自己所有。

2. 隐藏收入

通过将房产登记在他人名下，实际所有人可能试图避免在财务报表或税务申报中披露这些资产，从而逃避相关税费或监管。然而，这种行为一旦被发现，不仅可能导致高额的罚款和税务补缴，还可能构成逃税罪或其他金融犯罪。

3. 规避税务风险

在某些情况下，房产代持可能被用于规避特定的税务风险。例如，利用不同地区的税收政策差异，将房产转移到税率较低的地区或国家进行代持，以减少税负。然而，这种做法存在很大的法律风险。税务机关发现此类行为后，可能会采取一系列措施来追缴税款和处罚相关当事人。此外，随着国际税收合作的加强和信息交换机制的完善，跨境逃税和避税的难度也越来越大。

房产代持中被代持人面临的风险如图 12-2 所示。

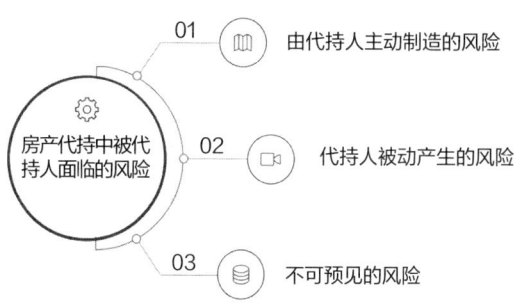

图 12-2　房产代持中被代持人面临的风险

1. 由代持人主动制造的风险

鉴于代持人已被法律确认为房产的合法持有者，其理所应当地享有法律所赋予的物权权利。然而，在特定情境下，代持人的行为可能违反代持约定，构成违约。但需明确的是，违约行为的认定仅限于代持人与被代持人之间，对善意第三方（如购房人、承租人等）不具备约束力。

2. 代持人被动产生的风险

一是代持人在开设公司、投资及商业经营过程中管理不善，背负沉重债务。为追偿债务，代持人的债权人依法采取查封保全措施或执行程序，对代持人名下所登记的房产（包括代持房产）进行相应处理，导致代持房产因债务问题被执行拍卖。

需要注意的是，即使房产的实际所有人对此提出异议，也无法扭转局面。因为我国法律认可的是登记为持有者的所有权人，而且，房产被查封期间不具备过户条件，房产的实际所有人请求过户代持人代持房产的诉讼会被驳回。

二是代持人本身没有债务负担，但其配偶因经营不善而背负债务，债权人将代持人及其配偶列为共同被告。基于夫妻共同财产和共同债务的原则，债权人可能向法院申请对涉事房产采取查封或执行措施。如果法院支持这一申请，代持人将直接面临相关的法律后果，其代持的房产将被查封，甚至被拍卖。

三是代持人为他人提供担保而被牵连，从而引发相关风险。根据法律规定，保证人可以承担一般保证或连带责任保证。在连带责任保证中，如果主债务人无法履行债务，债权人可以直接要求保证人履行，保证人需承担与主债务人相同的责任。这意味着，如果房产代持人作为担保人，在债务人无法偿还债务时，可能需要以自己名下的财产（包括代持别人的财产）来履行债务。在这样的情况下，代持的房产可能面临被查封、拍卖的后果。

3. 不可预见的风险

首先，代持人可能出现道德风险，若代持人因经济困境或其他原因私自处分房产，被代持人将面临巨大损失。其次，代持人的婚姻状况变化也可能引发风险，如代持人离婚，其配偶可能主张房产为夫妻共同财产，从而导致房产归属陷入纠纷。最后，若代持人意外去世，其继承人可能不认可代持关系，对房产提出继承要求。而且，在法律层面，一旦出现纠纷，被代持人需承担举证责任，证明房产的实际归属，这一过程往往艰难且充满不确定性。

房产代持行为蕴含着潜在风险，在进行房产代持时，双方务必对风险进行严格控制。实际上，代持是一种委托关系，明确了双方的权利与义务。如果确实存在房产代持的必要，被代持人应优先选择自己信赖的家人或亲属作为代持人。同时，被代持人应对双方的关系、对方的信誉状况及经济状况进行深入了解,以确保代持行为的顺利和安全。

此外,在代持过程中,明确房屋抵押按揭情况、代持劳务费用及产权过户配合义务等内容也很重要。为确保身份信息真实合法,双方应留存身份证复印件,当面签字按印,避免冒签代签。如果代持人已婚,其配偶也需签字确认,在这方面,可引入担保人、见证人等第三方,以证明协议的真实性和合法性。

需要注意的是,为确保房产权益的明确性和稳定性,证明房产实际所有人是房产的实际出资者和权益控制者,避免代持过程中出现纠纷,房产实际所有人应直接持有并管理与被代持房产相关的核心文件,包括产权证书、购房合同正本、发票原件、支付凭证、税费单据、按揭还款卡及按揭协议等。

12.4 方案三:金融资产代持

在高净值人群中,金融资产代持现象屡见不鲜。他们可能出于对个人隐私保护的考量、个人身份限制或受到相关法律法规的制约,而选择将自己的金融资产登记或存放于其他可信赖的人名下。此举旨在确保资产安全,同时规避潜在风险。

例如,李女士是某大型企业的创立者,出于规避财务风险的考量,她计划将一部分财产转移到其亲属名下。因母亲已辞世,于是李女士将3000万元资产转移至父亲名下由其代为持有。之后不久,李女士的父亲因病逝世,李女士的妹妹提出分割财产的要求。为避免父亲代持的财产遭受分割，李女士预先采取行动，通过网上银行将其父名下银行存款转至自己账户。获悉此事后，李女士妹妹要求将资金转回以作为遗产进行分配。

此案例揭示，当事人原本想要通过将经营所得汇入父亲账户以规避财务风险，然而此策略并非绝对稳妥，存在资产作为遗产被继承或被分割的潜在风险。因此，在涉及大额资金转移与代持时，被代持人需采取更为严谨、稳妥的措施以确保资金安全与合法性。被代持人可以通过以下方法对金融资产代持做好风险防范。

1. 签署金融资产代持协议

如果金融资产确有必要由自然人代为持有，则被代持人要与代持人签订一系列相关的协议文件，明确约定账户详情、代持金额等具体内容，以作为证实代持人账户内存款所有权归属于自己的依据。

2. 告知相关情况

被代持人应告知代持人的法定继承人及其配偶关于代持事实的相关情况，并要求他们签署金融资产代持知情函，以确保他们充分了解并认可代持安排。同时，被代持人应通过录音、电子邮件、微信等合法且有效的方式记录对方对代持事实的知情情况，以便在必要时提供充分的证据。

3. 注明转账用途

在向代持人进行银行转账时，被代持人应在备注中注明转账的用途。在上述案例中，如果李女士在转账时注明委托父亲代持金融资产，那么在其父亲去世后，备注的信息就可以作为依据使这笔资产避免被视为遗产，从而避免纠纷。

作为一种有效的风险规避工具，人寿保险能够显著降低代持风险。还以上述案例为例，李女士可以选择将其货币资产赠与父亲，并由父亲利用这部分受赠资金为自己购买年金保险。在保险合同中，李女士的父亲作为投保人，其支付的保费源自李女士的赠与；而李女士则作为被保险人和年金受益人，享有从保险公司获取的长期年金权益。此外，身故受益人的指定将遵循李女士的个人意愿，如指定其子女作为受益人。

通过这种安排，李女士的资产得以转化为由其父亲以个人资产形式缴纳的保费。由此产生的长期年金，由于具备特定的人身关系属性，将明确归属于李女士的个人资产范畴。因此，李女士的妹妹将无权以遗产继承为由主张对该保险金进行分割，从而有效保护了李女士的财产权益。

12.5　方案四：以家族信托替代资产代持

作为一种灵活的资产持有方式，资产代持可以满足众多高净值客户的需求，但面临很多不确定因素。与资产代持相比，家族信托在财富传承、风险隔离和资产管理等方面具有显著优势，因此被视为一种理想的替代机制。

首先，需要澄清实践中存在的一个误解，即虽然资产被转移至信托公司的名下，但信托公司只是资产的代持人。这种误解实际上混淆了资产代持法律关系和信托法律关系。

从法律层面来看，信托公司是财产所有人。然而，在信托法律关系中，信托公司所享有的所有权是受到严格限制的。具体来说，信托公司必须严格遵守信托合同的约定，不得擅自处分信托财产，否则将触发违约机制，需要承担相应的法律责任。

其次，家族信托更侧重于对信托制度的认可。当前，家族信托倾向于选用具备持牌资格的机构类受托人来管理资产，这体现了对信托制度与法律保障的高度认同与强烈需求。通过这种方式，个人名下的资产或从亲属代持转移至与本人无亲属关系的金融机构名下，旨在确保资产管理的专业性与安全性。专业机构在充分理解客户需求的基础上，针对不同类型的需求定制了完善的合同范本，从而为家族信托提供了坚实可靠的法律保障。

最后，家族信托还能为客户提供专业的税务筹划服务。在税收法规日益复杂的背景下，合理的税务筹划对保护家族财富至关重要。信托公司可以根据客户的具体情况，提供定制化的税务方案，帮助客户降低税负，提高资产收益。

家族信托替代资产代持，可以从以下几个方面保障财产安全。

（1）信托制度的稳健运行为财产独立性提供了坚实的支撑与稳定的保障。《信托法》第十六条第一款规定："信托财产与属于受托人所有的财产（以下简称固有财产）相区别，不得归入受托人的固有财产或者成为固有财产的一部分。"《全国法院民商事审判工作会议纪要》中明确指出，信托财产在信托存续期间独立于委托人、受托人、受益人各自的固有财产。

因此，根据信托财产的法律制度框架，尽管在设立家族信托时需要将财产转移至持牌信托公司名下，但信托公司的资产负债状况不会对家族信托财产产生影响。

（2）家族信托项下信托财产投资权限归属于委托人。家族信托的受托人需要遵守信托合同中明确规定的条款，对委托人交付的信托财产进行妥善处理。在家族信托运作过程中，委托人拥有选择权，可自行担任投资代表，也可以委派专业的第三方财务顾问来代表其进行投资活动。

综上所述，家族信托作为一种理想的替代机制，具有资产代持无法比拟的优势。它不仅能够实现财富的有效传承和风险隔离，还能提供专业的资产管理和税务筹划服务。因此，越来越多的高净值客户选择家族信托作为财富管理和传承工具。

12.6 代持人有道德问题，怎么办

在资产代持的过程中，一旦代持人出现道德问题，被代持人往往会陷入困境。然而，被代持人并非束手无策，可以通过一系列措施来维护自己的合法权益。

首先，被代持人应保持冷静，尽快收集证据。证据是维护自身权益的关键，包括代持协议、资金往来记录、沟通记录等。代持协议明确了双方的权利义务关系，是证明资产实际归属的重要依据。资金往来记录可以证明被代持人对资产的出资情况，而沟通记录则可能反映出双方在代持过程中的真实意图。

如果代持人私自处分了资产，被代持人应及时采取法律措施，

例如，向法院提起诉讼，要求确认资产的实际归属，并请求法院判令代持人返还资产或赔偿相应损失。在诉讼过程中，被代持人要充分阐述自己的主张，并提供有力的证据支持。同时，要积极配合法院的调查和审理工作，争取获得有利的判决结果。

此外，被代持人还可以考虑通过协商解决问题。虽然代持人出现了道德问题，但在某些情况下，通过协商可能会达成一个双方都能接受的解决方案。被代持人可以尝试与代持人及其家人进行沟通，了解他们的想法和诉求，寻求妥协的空间。在协商过程中，被代持人要保持理性和克制，避免情绪化的表达，以免加剧矛盾。

如果代持人已经将资产转让给第三人，被代持人可以根据具体情况判断是否可以向第三人主张权利。如果第三人是善意获得资产，即不知道代持关系且支付了合理对价，被代持人可能难以直接向第三人主张资产的所有权，但可以要求代持人赔偿损失。如果第三人不是善意取得，被代持人可以通过法律途径撤销代持人与第三人的交易。

在进行资产代持时，被代持人应充分考虑风险，谨慎选择代持人，并完善代持协议，以避免未来可能出现的纠纷。被代持人要不断提高财富管理和风险防控的能力，了解相关法律法规和政策，及时更新自己的知识结构和思维方式。此外，被代持人还可以考虑进行多元化的资产配置，降低对单一资产或单一代持人的依赖，从而减少潜在的风险。

如果代持人出现道德问题，被代持人要迅速行动，收集证据，采取法律措施或协商解决问题，以最大限度地保护自己的合法权益。

第 13 章

宪章与文化：弘扬正确价值观

在家族财富管理和传承的过程中，家族宪法扮演着至关重要的角色。它不仅是家族精神与价值观的集中体现，更是指导家族成员行为，促进家族和谐与繁荣的行动指南。家族宪法的制定与执行，是一个需要深思熟虑、达成广泛共识和长期坚持的过程，它要求家族成员对家族历史、文化有深刻的理解，并对未来有明确的规划。

13.1 家族宪法不是一次"打卡"

从实践来看，许多家族已经开始制定财富管理的整体解决方案，将重点放在更深层次的问题上。随着社会的发展和技术的进步，家族宪法拥有了能够立足的基础，一些有远见的家族已经制定了家族宪法。需要注意的是，家族宪法并不是一个摆设，而是一个需要长期贯彻执行的方案。

作为家族文化的重要组成部分，家族宪法的制定离不开家族文化意识的觉醒。虽然许多家族都意识到家族宪法的重要性，并拥有一定的制定能力，但在制定家族宪法的过程中仍然面临许多困难。

家族宪法的制定与推行，并非一蹴而就的事。它不仅需要家族内部成员达成初步共识，更需要广泛而深入的共识作为基石。这种共识的达成，需要家族成员付出极大的努力，进行充分的沟通、讨论和协商。

（1）家族宪法的诞生，需要建立在家族内部的广泛共识之上。这意味着每一位家族成员都需要对家族宪法的内容、目的和意义有清晰的认识，并对此表示赞同。需要家族成员共同参与家族宪法的起草和修订过程，充分表达自己的观点和意见，以确保家族宪法的制定是民主平等的。

（2）家族宪法的制定需要家族成员具备深度共识。这要求家族成员对家族的核心价值观、传统文化和未来发展有深入的理解和认同。家族宪法应体现出家族的独特性和精神内核，成为家族成员共同遵循的行为准则。因此，家族成员需要不断学习和传承家族的历史与文化，增强对家族的认同感和归属感。

（3）家族宪法的制定还需考虑家族的未来发展。家族宪法不仅是对当下家族成员行为的约束，更是对未来家族成员行为的预期和规划。因此，在制定家族宪法时，应充分考虑家族未来的发展方向和目标，为家族的繁荣和传承提供坚实的法律保障。

（4）家族宪法的制定需要家族成员具备坚定的信念和远见。家族成员需要充分认识到家族宪法对家族繁荣和传承的重要性，并为此付出长期的努力和坚持。只有这样，才能确保家族宪法在家族发展的各个阶段都能发挥其应有的作用。

（5）家族宪法的制定需要有一个有耐心、执行力强的领导者推进。领导者需要具备卓越的组织能力和协调能力，能够引导家族成员共同参与到家族宪法制定的过程中。同时，领导者还需要具备坚定的决心和毅力，不断推动家族宪法的落实和优化。

然而，家族宪法的制定并非一帆风顺。在家族遭遇困境或意外时，这一进程可能会被迫中断。因此，家族成员需要具备坚韧不拔的精神和应对挑战的能力，确保家族宪法能够顺利推进。

家族宪法的制定需要家族成员深思熟虑后才可着手进行。家族宪法并非仅是书面上的文字堆砌，而是深深植根于每位家族成员心中的共同理念与共识。因此，在制定家族宪法的过程中，每位家族成员都应秉持谨慎的态度，明确认识到家族宪法并非一次性完成的"打卡"任务，而是需要长期坚守和践行的规章。

13.2　立足当下：从家族规章入手制定家族宪法

在实践中，许多家族所称的"家族宪法"实际上并非真正意义上的家族宪法，而是家族规章，它们往往针对某一类或某几类特定的家族事务进行规范。然而，从家族规章的逐步积累到家族宪法的制定，这一过程是有益的。它不仅明确了家族中最为重要和紧迫的原则与规矩，更是一个家族成员间共识的积累与强化过程。

如果条件尚不成熟，家族就试图跨越式地制定家族宪法，以求达成所谓的家族共识，最终会因家族宪法缺乏实际操作性，而阻碍家族的长远发展。

因此，大多数家族制定家族宪法应采取"集涓流以成江海，积跬步以至千里"的策略,即从家族规章入手。这主要有两个原因:一是达成小范围的共识相较于广泛的共识更为容易,家族规章的制定相对更为简便;二是在不同社会时期、发展阶段,家族面临的问题各异,如果能根据当前情况迅速制定有针对性的家族规章,将形成"小步快跑"的发展态势。

当前很多家族的实践都证明,这种策略更为有效。与其追求制定家族宪法而长期停滞不前,不如迅速通过流动性管理、投资管理等规章解决当前的实际问题。在家族内部,通过家族成员共同努力克服和解决的问题越多,就越容易达成家族共识。同时,在这一过程中,将逐渐形成家族成员间充分沟通、共同决策的习惯,进而提升达成共识的能力。

这样的过程看似缓慢,实则是一种"以慢求快"的智慧。从家族规章出发,逐步迈向家族宪法,是当前大多数家族发展的必由之路。

13.3 家族宪法的内容和制定步骤

制定家族宪法与家族规章需要秉承"继往开来"的原则。"既往"指对家族过往历史经验的总结。"开来"指家族宪法和家族规章能够指引家族未来的发展方向。如果家族宪法和家族规章无法起到这两方面的作用,则其将失去应有的价值。

家族宪法的内容丰富,包括家族声明、家族治理和家族企业治理3个方面。

家族声明是家族宪法的重点,其核心内容包括家族的共同使命与愿景、价值观、基本原则等。虽然很多人觉得家族声明过于"虚无缥缈",但家族声明的背后是家族对自然、社会等方面的思考及对家族内外事务的理解,对家族关系的处理发挥着重要的作用。

家族声明就如同穆里耶兹家族的家族格言"每人每事"一般,看似简短,实则蕴含着丰富的价值。家族声明能够约束家族成员的行为举止,指引家族成员的行为与选择。

如果说家族精神是家族文化的灵魂,家族声明就是规则化的家族精神。而家族治理、家族企业治理则是具象化的规则。

家族治理指家族成员利用搭建家族内部结构与机制的方法,对内外部利益相关者进行妥善处理,厘清"人"与"权益"的关系。

以穆里耶兹家族为例,该家族拥有上百名家族成员,在家族宪法中明确规定了家族联合会、家族顾问委员会、家族理事会、家族基金会等,形成了以家族大会、家族委员会、家族理事会等机构为核心权力机构,家族办公室为主要决策及支持机构的家族治理结构,有助于推动家族持续发展。

治理结构的运行离不开治理机制的支持。家族治理机制能够为治理结构提供有效的支持,包括流程、规则及政策等方面的支持。只有实现结构与机制的结合,才能够推动家族内部治理的发展。

良好的家族治理格局能够集合家族的资源、能力、智慧,为家族的发展提供强大的领导力与关键人才,有效管理家族事务,为家族成员提供施展才华的平台。

家族企业治理也十分重要，其也可以从结构和机制两个方面进行考量。家族企业治理的核心是将家族的价值观、家族精神及家族特殊资产融入企业战略中，并保证其在家族企业中得到持续优化。

例如，李锦记家族的家族宪法详细规定了股权继承和转让的条件：家族企业的股东必须拥有家族的血脉。一旦有股东选择退出，他们的股份将由企业进行集中回购。此外，家族董事会的成员也严格限定在家族委员会成员的范围内，董事会主席必须由家族成员担任。

由此可见，家族宪法实际上是家族文化的具体体现，它规定了家族的基本原则和行动指南。无论是家族治理还是家族企业管理的结构和机制，都深深植根于家族宪法中，并受到家族精神的深刻影响。从这个视角来看，家族宪法在家族中占据着举足轻重的地位，它代表了家族成员共同的最高意愿和追求。

作为重要的家族行动纲领，家族宪法的制定十分重要。制定家族宪法主要有6个步骤，如图13-1所示。

图13-1 制定家族宪法的6个步骤

1. 准备阶段

在家族领导者发起制定家族宪法的提议后，其要筛选参与家族宪法制定的人选。如果家族规模较小，所有家庭成员都可以参与；如果家族规模较大，就需要由家族委员会或分属的专门委员会参与。在这一阶段，家族成员需要建立共同认可的决策模式，在决策流程方面达成一致意见。

2. 起草阶段

在起草阶段，家族成员需要确定起草家族宪法的形式，一般分为以过程的形式主导和以项目的形式主导。

以过程的形式主导耗时较久，往往需要花费 2~3 年的时间。但以过程的形式主导的优势是家族成员能够充分讨论，各类意见都能够被倾听。

以项目的形式主导往往更适用于诉求异常迫切的家族。家族内部需要先组建工作小组，然后以小组的形式提出意见。这种方式能够有效缩短家族宪法的起草时间。

家族可以根据自身的情况选择合适的形式起草宪法，也可以将二者进行结合，在二者之间寻求平衡。

3. 批准阶段

批准阶段是一个关键阶段，家族需要根据自身的情况慎重选择合适的批准形式。大多数家族往往会采取成员一致同意或少数服从多数的方法。

4. 执行阶段

执行阶段包含 4 个层面的内容，分别是家族宪法配套文件的起草和执行、对家族宪法的持续完善、对家族宪法的持续调整和优化、家族宪法的持续运用。

这4个层面的内容需要同步执行。在执行阶段，家族应该关注效率问题，过于低效可能导致家族成员凝聚力、向心力降低，很难再次达成家族共识。

5. 评估阶段

在家族宪法落地的过程中，家族可能会面临许多困难，从而总结出许多经验和教训。家族会根据总结出的经验和教训对家族宪法进行评估，决定是否进行相应的修改。

评估是家族宪法制定过程中不可缺少的一环，主要围绕4个方面展开。

（1）完成度：家族宪法内容的完成情况。

（2）一致性：家族宪法是否始终与家族长远发展目标保持一致，是否损害家族及家族企业的利益。

（3）影响力：家族宪法能否为家族成员的行为提供正向指引，能否引发新的、积极的变化。

（4）执行力：家族宪法的落地执行程度如何，哪些内容很难付诸行动。

通过评估，家族可以及时发现家族宪法制定和执行过程中的问题，进而进行相应的调整和优化。

6. 优化阶段

家族宪法的制定并非一劳永逸，而是一个持续优化的过程。随着家族内外部环境的变化，家族宪法也需要不断进行调整和完善，以适应新的形势和需求。因此，家族应该定期对家族宪法进行审查和更新，确保其始终符合家族的实际情况和发展目标。

无论当前是否已进入优化环节，家族都应对未来的修正程序作出明确约定，确保在维护家族宪法稳定性的同时，也能兼顾修正和优化程序的灵活性，实现二者之间的平衡。

此外，家族宪法的制定流程也可应用于家族规章的制定中，从理论上讲，二者的制定流程应当保持一致性。

家族宪法、家族规章制定的过程实际上是家族成员逐步参与家族管理与家族事务的过程，是家族共识逐步形成的过程，是家族成员的一堂共修课。最重要的不是结果，而是大家团结一致解决问题的过程。

总之，家族宪法的制定是一个长期而复杂的过程，需要家族成员共同努力和持续投入。通过不断优化和完善家族宪法，家族可以更好地规范家族成员的行为举止，引导家族成员的行为与选择，促进家族的持续发展和繁荣。

13.4 保证家族宪法的有效与执行

家族不是独立于社会而存在的，因此家族的理念不能脱离社会理念，而是要与社会理念相契合。在制定家族宪法时，家族需要遵守社会的规则——法律。

想要最大限度地发挥家族宪法的作用，制定家族宪法需要注意的事项如图 13-2 所示。

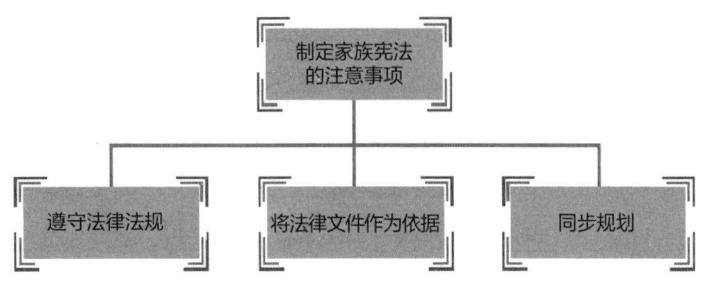

图 13-2　制定家族宪法需要注意的事项

1. 遵守法律法规

家族宪法是家族财富管理的核心依据,其内容制定需权衡与法律制度的关系。在制定过程中,家族应竭力避免与现行法律法规产生冲突,特别是在涉及人身权利、财产权利等关键领域。同时,家族成员需深刻认识自治规章的法律属性,并充分重视家族宪法对自身的法律约束力。此外,家族宪法在形式上需具备法律文件属性,以体现其严肃性和权威性。

2. 将法律文件作为依据

为确保家族宪法的权威性和有效性,家族宪法应以法律文件为坚实依据。这不仅能够增强家族宪法的约束力,还为其提供了明确的法律支撑。以鲁伟鼎家族为例,他们设立了鲁冠球"三农"扶志基金慈善信托,并通过精细的信托治理安排,使家族特殊安排在法律框架内制度化、规范化,同时搭建了一个促进家族成员成长与合作的平台,为家族事业的传承奠定了坚实基础。

3. 同步规划

想要保证家族宪法的有效性,还需要将家族意愿与企业制度规范融合。在制定家族宪法时,家族成员应该同步规划家族企业的股东协议、章程等文件,并利用恰当的治理机制将家族宪法的内容转化为企业的制度规范。此外,家族成员需要平衡家族治理和企业治理,避免二者间的过度干预。

制定家族宪法实际上是一次家族治理实践,能够推动家族治理从非正式走向正式,从不规范走向规范。家族宪法不仅是家族习俗与家族精神的提炼与总结,更是法律精神在家族治理中的体现。因此,在制定家族宪法时,家族应综合考虑以上 3 个维度,以确保家族宪法的有效性,为其落地实施奠定坚实基础。

13.5 三重维度:形文化 + 法文化 + 魂文化

家族文化是全体家族成员需要遵循的价值观与准则,是家族的立足根本,也是宝贵的家族财富。如今,越来越多的家族开始认识到家族文化的价值,并着手打造家族文化。对于家族文化的理解,有人将其比喻为一个同心圆,认为其由外至内包含三个层次:形文化、法文化和魂文化。

可能有些人认为家族文化只停留在精神层面,内容只可意会不可言传。事实上,同心圆的外层和中间层——形文化和法文化是有形的内容,不仅可识别、可触摸,甚至具有物质形态。例如,祠堂是我国古代家族制度一个重要的外在表现形式,也是家族文化的重要载体。虽然家族的"形"文化主要表现在物质层面,但由于其承载了家族的价值观,因此也有着内涵丰富的有形载体。

"忠厚传家久,诗书继世长"出自北宋文学家苏轼所写的《三槐堂铭》,意思是拥有忠实厚道的品德,家族才能经久不衰,就像诗和书能够在世间长久流传。这句话深刻揭示了家族的思想、观念、精神与风气的重要性。通过家规家训这一载体,家族可以培育出独特的家族文化与气质,进而实现家族文化的传承与发展。这种传承不仅是对家族历史的尊重与延续,更是对家族成员品格塑造和道德教育的有力支撑。

五帝时期,周公开创了家训的先河。他所著《诫伯禽书》旨在训诫其子伯禽,强调德行修养的重要性,倡导礼贤下士的理念。自秦汉以来,历经三国、两晋、南北朝的历史长河,传统家训得以逐步完善,并逐渐向体系化的方向发展。其中,《颜氏家训》以其卓越的成就与深远的影响,被誉为"古今家训之祖"。

进入唐代,家训文化日渐成熟,至宋元时期则迈向繁荣。唐太宗所著《帝范》流传百世,影响力经久不衰;南宋时期,《袁氏世范》以其独特的价值,与《颜氏家训》齐名,共同构筑了家训文化的辉煌篇章。

到了明清两代,家训文化更加繁荣鼎盛,呈现出数量众多、形式多样的特点。《朱子家训》是其中的佼佼者,具有严谨的语言风格、深刻的思想内涵、理性的训诫理念,不仅在当时广为传颂,至今依然是家喻户晓的经典之作。

家规家训是各个时代各个家族恪守的庄重契约与严谨准则。毫不夸张地说,家族的繁荣昌盛,离不开其世代相传的深厚家训。家训不仅承载着家族的智慧与期望,更是家族成员共同遵守的行为规

第13章 宪章与文化：弘扬正确价值观

范，为家族的和谐与发展提供了坚实的支撑。家训深深烙印于家族的血脉之中，成为家族生生不息的精神支柱。

在庄严的祭祀祠堂中，当我们心怀敬意地铭记家规家训时，我们实际上是在深入体验一种无形的精神力量。这种力量通过有形的载体得以传递，进而深深地烙印在我们的行为举止之中。这种精神力量便是家族精神，也是家族文化的核心——魂文化。

家族精神是家族成员在长期生活实践中共同塑造的价值观体系。它经历了岁月的洗礼和历史的沉淀，得到了家族成员的广泛认同，从而得以传承并持续发展。这一精神内核不仅承载着家族的优良传统，更体现了家族成员对共同价值观的坚守与追求，是家族文化不可或缺的重要组成部分。

家族文化的3个层次之间的关系是值得深入探究的。形文化与法文化是魂文化的外在表现和载体，魂文化则是家族文化的核心。如果缺失了家族精神这一核心要素，所有的形文化将仅仅停留于物质层面，缺乏持久的生命力和传承性。因为物质本身无法摆脱"无常"的规律，难以实现长久的传承。

进一步来说，法文化在魂文化与形文化之间起到了桥梁的作用，既是魂文化的具体体现，也是形文化得以实施的工具。它通过将家族的共同价值观融入家规、家训、家法等制度中，为家族治理提供了秩序，成为教育和约束家族成员行为的准则，促使家族成员共同遵循、共同行动，从而彰显出家族文化的独特魅力。

魂文化渗透于形文化与法文化之中，历经岁月的洗礼，不断形成、追溯并传承，成为家族顶层规划的重要内容。通过弘扬家族精神,可以有效解决家族传承过程中所面临的种种难题,确保家族文化得以薪火相传、绵延不绝。

13.6 家族文化养成的关键

家族文化的构建是一项复杂而持久的任务,它并非一蹴而就,而是需要经历一个逐步深入、稳扎稳打的培育过程。这个过程涵盖孕育、渐进的发展和最终实现3个阶段,蕴含着深刻的内涵。尽管家族文化培育没有固定的模式可循,但有4个核心要素值得我们高度关注和精准把握。

首先,家族文化的养成,既需注重形式的塑造,也需关注内容的培育,务求实现"形、法、魂"三者和谐统一,使形式与内容相互辉映、相得益彰。这一理念为家族文化的健康发展指明了正确的方向。

其次,顶层设计和具体实践应同步进行。在当今时代,随着家族文化信息与研究成果的广泛可得,构建家族文化框架体系的顶层设计已然成为现实。这一框架不仅明确了家族的目标,而且指明了实现目标的路径和方法。因此,家族文化建设不再仅仅依赖于古人在生活中积累的点滴经验,而是能够将顶层设计与具体实践相结合,推动家族文化的持续发展与传承。

在过去,有些人认为"节制饮酒,注意卫生"等家规家训过于琐碎,难以发挥重要作用。然而,这些看似"细枝末节"的规定,实则最容易在家族成员之间达成共识,也更容易成为家族文化建设的基石。一旦这些家规家训得到家族成员的认同并付诸实践,便能够在家族中营造出一种良好的氛围,为后续更多家规家训的制定与实施奠定坚实基础。

因此,从"细枝末节"入手,不仅是一个切实可行的打造家族文化的起点,更是推动家族文化建设向更深层次发展的有效途径。

作为一种以人为本的文化形式,家族文化能够促进家族成员间的团结和凝聚,从点滴积累开始,逐步深入,最终达成共识。这一共识的达成,是家族文化养成过程的重要基础和核心内容。

最后,必须强调过程的重要性,只有经过扎实培养,才能有水到渠成的成果。家族文化养成的过程与结果同等关键。家族成员间的深入交流与沟通不仅是培育家族文化的坚实基石,还是实现家族成员相互理解、消除差异、达成共识的重要前提,更是推动家族文化持续健康发展的内在需求。家族既要注重非正式沟通的灵活性,也要强调正式沟通的规范性,甚至需要赋予沟通以庄重的仪式感。

家族文化的构建是一个逐步内化于心、外化于行的过程,需要持之以恒地坚持,通过一代又一代人的共同努力,才能形成独特的家族精神和价值观。同时,家族文化也需要与时俱进,不断吸收新的元素和理念,以适应社会的发展和变化。只有这样,家族文化才能焕发出新的生机和活力,为家族的发展和繁荣提供强大的精神动力。

13.7 解读家族文化的财富视角

在解读家族文化的财富视角时,必须深入剖析其背后所蕴含的深厚历史底蕴及独特的价值所在。这不仅是对家族文化的传承与发扬，更是对其中蕴含的财富内涵的一种深刻认识和挖掘。作为一种源远流长的文化现象，家族文化既承载着家族的荣誉与传承，也孕育着无尽的财富与智慧。

从物质财富的角度来看，家族文化往往与家族企业的兴衰紧密相连。那些历经风雨仍屹立不倒的家族企业，背后往往有着一套行之有效的家族管理理念和价值观。这些理念和价值观，在家族成员间代代相传，形成了一种独特的家族精神，为家族企业的稳定发展提供了坚实的支撑。例如，一些家族企业强调诚信经营、注重品质，这种价值观不仅赢得了客户的信赖，也为企业带来了长远的经济效益。

但家族文化的财富价值远不止于此。在精神财富方面，家族文化的价值尤为显著。家族文化中的传统美德、家族故事及家族信仰等，都是家族成员宝贵的精神财富。这些精神财富能够激发家族成员的归属感和荣誉感，增强家族的凝聚力和向心力。同时，家族文化还能够传承家族的智慧和经验，为家族成员的成长和发展提供有益的借鉴和启示。

此外，家族文化还具有社会财富的价值。拥有优秀家族文化的家族，往往能够在社会中树立良好的形象和口碑，为社会和谐稳定作出贡献。同时，家族文化中的公益慈善精神能够引导家族成员积极参与社会公益事业，回馈社会，实现个人价值与社会价值的统一。

综上所述，解读家族文化的财富视角，需要我们全面而深入地理解其物质财富、精神财富和社会财富的多重价值。只有这样,我们才能更好地传承和发扬家族文化,让其在现代社会中焕发出新的生机与活力。

13.8 被忽视的家族所有者教育

所有者教育的缺失使得家族企业的第二代、第三代成员对自身权利知之甚少,更别说合理有效地行使这些权利。此外,即便当前一代的所有者具备推动企业发展的能力,但在如何成为一个合格的股东这一问题上,其仍需加强学习。对于家族所有者教育这一问题,家族应予以充分重视,并积极寻求有效的解决方案。

首先,想要使家族所有者成为一个合格的股东,所有者教育不可缺少。真功夫的蔡达标、雷士照明的吴长江等知名企业家因作出违法行为而身陷囹圄,充分表明许多家族所有者对如何成为一个优秀的股东缺乏充分的认识,凸显了进行所有者教育的重要性与紧迫性。

其次,为构建合理的家族所有权结构,所有者教育也必不可少。想要让家族企业在激烈的市场竞争中立于不败之地,家族所有者应具备前瞻性的战略眼光和持续创新的能力。通过接受所有者教育,家族所有者可以洞悉行业趋势、市场竞争格局,并掌握先进的管理理念和经营方法,从而引领企业不断向前发展。

最后,为有效化解积极股东与消极股东之间的潜在冲突,加强所有者教育尤为关键。在家族企业运营过程中,积极股东与消极股东的存在是不可避免的。消极股东期望保障自身权益，而积极股东则致力于掌控家族企业的运营大局，但对权利边界的认知可能不足。

推进家族所有者教育的核心目标在于确保家族企业的顺利传承。实际上，加强所有者教育不仅能够为家族传承前的安全与发展奠定坚实基础，还能在传承后继续发挥积极的推动作用。

尽管家族所有者教育的价值在家族企业中尤为凸显，但其适用范围并不仅限于此。无论是家族信托还是其他任何类型的资产或法律结构，都面临着所有者教育这一重要问题。在涉及权利归属等关键问题时，所有者教育尤为重要。尽管在不同情况下可能需要采用不同的教育方法，但教育所遵循的基本逻辑与核心原则始终如一：保持高度一致性和稳定性。

13.9 霍氏家族的独特文化基因

霍英东家族（以下简称"霍氏家族"）是一个源远流长、人才辈出的大家族，其独特的文化基因不仅塑造了家族成员的个性，也影响了整个社会的发展进程。

霍氏家族非常注重家族传统与价值观的传承，家族长辈会定期组织家族聚会，让年轻一代了解家族的历史和故事，以培养他们的家族荣誉感和责任感。同时，家族还强调诚信、勤奋、创新等核心价值观，鼓励家族成员在各自的领域不断进取，实现自我价值。

在教育与学习方面，霍氏家族非常重视教育，认为知识是改变命运的关键。家族成员从小就接受良好的教育,不仅在学术上追求卓越,还广泛涉猎文学、艺术、科技等领域。许多家族成员成为各自领域的佼佼者,为家族赢得了荣誉。

在家族企业与事业发展方面,霍氏家族拥有悠久的家族企业发展史。家族企业在发展过程中不断壮大,为家族成员提供了广阔的事业平台。家族成员在企业中发挥着重要作用,他们凭借自己的才华和努力,推动企业不断创新和发展。同时,家族还鼓励成员创业,支持他们实现自己的梦想。

在慈善与公益事业方面,霍氏家族积极参与慈善和公益事业,回馈社会。家族设立了多个基金会和慈善机构,支持教育、扶贫、医疗等领域的项目。家族成员也积极参与志愿服务,为社会作出贡献。这种公益精神已经成为霍氏家族文化基因的重要组成部分。

霍氏家族在传承家族文化的同时,还注重文化的创新和发展。家族鼓励成员在继承传统的基础上,勇于探索新的领域和表达方式。这种开放和包容的态度使得霍氏家族的文化始终保持活力和先进性。

霍氏家族的独特文化基因是其长久发展的基石,它不仅塑造了家族成员的个性和价值观,也对整个社会的发展产生了积极的影响。在未来的发展中,霍氏家族将继续弘扬这些优秀的文化基因,为社会的进步和繁荣作出更大的贡献。